Jakob Lorber

Die zwölf Stunden

Jakob Lorber

Die zwölf Stunden

Originaltext in neuer Rechtschreibung

Project True-blue Jakob Lorber

Bibliografische Information der Deutschen Nationalbibliothek
Die Deutsche Nationalbibliothek verzeichnet diese Publikation
in der Deutschen Nationalbibliografie, detaillierte bibliografische
Daten sind im Internet über http://dnb.dnb.de abrufbar

Dieses Buch wurde im Rahmen des Projektes
„Project True-blue Jakob Lorber" erstellt und wird unter
Creative Commons Lizenz veröffentlicht
https://creativecommons.org/licenses/by-nc-sa/4.0/deed.de

Herstellung und Verlag
BoD – Books on Demand, Norderstedt

ISBN 978-3-7528-6161-7

Inhalt

Vorwort

Das außergewöhnliche Buch „Die zwölf Stunden", im Jahr 1841 Jakob Lorber offenbart, gleicht einem zwölfstündigen Vortrag, wobei Sich der an der Tafel (im Geiste) Vortragende als Gott Selbst zu erkennen gibt, und Seine Zuhörer, zu denen sich auch der geneigte Leser zählen darf, als Seine Kinder bezeichnet. Es geht um ein Thema, das zwar klein erscheint, aber doch so atemberaubend und anspruchsvoll ist, dass sogar Erzengel zu einem, der darüber alles wüsste, in die Schule kämen.

Unser göttlicher Vortragender beginnt mit einer Schilderung der Welt des 18. und 19. Jahrhunderts im natürlichen und geistigen Sinn. Die ersten zehn Stunden entfalten ein apokalyptisches Bild, das die Abgründe der menschlichen Seele beschreibt – eine kaum erträgliche Schilderung von Tyrannei, Sklaverei und Gräueln aller Art. Im natürlichen Sinn ist es eine furiose Anklage vor allem der kolonialistischen Lebensweise der Europäer und Nordamerikaner, die zum Leidwesen aller auch heute noch gepflegt wird, zunehmend auch von anderen Völkern, nur besser kaschiert als früher. Der Einwand, die Dinge seien heute besser als vor 200 Jahren, übersteht keine kritische Prüfung: Man findet dasselbe, und sogar noch Schlimmeres, nicht nur im geistigen Sinn, auch im natürlichen. Auch im 21. Jahrhundert werden Menschen auf bestialische Weise ermordet, grausam gefoltert und misshandelt. Mit den Terroranschlägen auf wehrlose und unschuldige Menschen wurde sogar ein Tiefpunkt erreicht, den es früher so nicht gab. Nach wie vor bestehen brutale Tyranneien vor allem in Asien und Afrika. Auch Sklaverei findet sich, wohin man blickt. Für einen Europäer werden im Schnitt über dreißig Erwachsene und Kinder zur Arbeit gezwungen. Usbekische Kinder pflücken Baumwolle für billige Kleidung, indische Kinder produzieren alle möglichen Waren unter gesundheitsschädlichen Bedingungen und im Kongo schürfen sie Rohstoffe für das neueste Smartphone. Jeder kann sich individuell ausrechnen lassen, wie viele Menschen für seinen Konsum ausgebeutet werden auf www.slaveryfootprint.org.

Zugleich sind die Neokolonialisten in den allermeisten Fällen selbst alles andere als frei: nie genug Geld, nie genug Zeit, den zu hohen Anforderungen nie genügend, hilflos und verloren, gefangen in einem System, wo jeder Unmengen an Geld ranschaffen muss, um einen gewissen Standard zu halten, um den Job zu behalten und machen zu können, was alle machen. Die Burn-out-Gesellschaft. Wer aus diesem unlauteren System fliehen will, der stellt fest, dass der Planet keinen Ausgang kennt. Wer sich auf keine Kompromisse einlassen will, endet im Elend oder im Gefängnis. Selbst wenn man sich des bodenlosen Unsinns bewusst ist, der die Welt erfüllt, ist man gezwungen, ihn zu ertragen. Wenn nötig, wird man sogar mit Gewalt wieder in die Gesellschaft eingefügt. Die Themen der ersten zehn Stunden von „Die zwölf Stunden" gehören also durchaus nicht der Vergangenheit an, auch wenn sich die äußeren Formen geändert haben. Doch das ist nur der Auftakt. Der tiefe Sinn der ersten zehn Stunden wird erst in der elften und zwölften Stunde erschlossen.

Kein Wunder also, dass dieses Buch Anstoß erregt hat. Der besonders dem Herrn hingegebene Verleger Johannes Busch stand noch dafür ein, doch schon sein Nachfolger, Friedrich Landbeck, fand die Bilder zu drastisch für die seiner Beobachtung nach immer empfindlicher oder reizbarer werdende Menschheit, weshalb er eine zeitgemäße Revision als notwendig erachtete. Lange waren „Die zwölf Stunden" überhaupt nicht mehr im regulären Buchhandel erhältlich und wurden sogar bei Auflistungen der Lorberwerke weggelassen.

Um ein Werk wie dieses zu verstehen, ist es notwendig, die Natur von Offenbarungswerken zu kennen: Diese sind zumeist eine Mischung von natürlichen und geistigen Inhalten. Die primären geistigen Inhalte werden in sekundäre natürliche Bilder gehüllt. Die Sache verhält sich wie mit dem Wein: Dieser besteht aus einer natürlichen und geistigen Komponente; wesentlich ist die geistige. Ohne die geistige Komponente wäre Wein nur Fruchtsaft, wäre ein Offenbarungswerk nur wie ein Buch über Naturkunde, Geschichte, Theologie, Philosophie usw. Wie der Wein können auch Offenbarungswerke verschieden stark sein. Die minder geistigen berücksichtigen die Naturerscheinungen stärker und erregen daher wenig Widerstand bei Naturkundigen und Buchstabenreitern. Bei zunehmender geistiger Stärke aber wird auf die Naturerscheinungen und ihre zeitweiligen Bestände und Veränderungen weniger bis gar keine Rücksicht genommen. Da kommt dann zunehmend der Vorwurf von ganz oder überwiegend naturmäßigen Menschen, der Prophet sei verrückt und rede Unsinn.

Gott ist Geist und daher spricht Er in der Sprache des Geistes, der sogenannten Entsprechungen. Würde Gott rein geistig anstatt geistig und natürlich gemischt mit uns sprechen, könnten Ihn nur sehr wenige Menschen richtig verstehen. In die pur geistige Richtung gehen z. B. Jesaja und die Offenbarung des Johannes. Die gegebenen Bilder entsprechen dann nicht mehr der erfahrbaren Realität, obwohl sie natürliche Dinge zu schildern scheinen. Zum großen Bedauern der Panikpresse werden wir schwerlich je ein Tier aus dem Meer steigen sehen, das zehn Hörner und sieben Häupter und auf seinen Hörnern zehn Kronen und auf seinen Häuptern lästerliche Namen hat. (Off. 13, 1) Bei „Die zwölf Stunden" geht es vor allem um die innwendigen Verhältnisse der Erde, weniger die äußeren, eine innere Anschauung, damit man die Welt in sich erkenne, sie verachte und aus Liebe zum Herrn fliehe. Hier, o Mensch, erschau dein zweitgefallenes irdisches Selbst! Es geht um die

Erweckung des Geistes Gottes im Menschen, die einer demutsvollen Selbsterkenntnis bedarf.

Der Text dieser Ausgabe wurde anhand der Erstausgabe aus dem Jahr 1864 überprüft, originalgetreu restauriert und in die neue Rechtschreibung übertragen. Details dazu finden Sie im Anhang. Der Erlös des Buchverkaufs wird für die Neuauflage weiterer Lorberwerke in überprüfter und originalgetreu restaurierter Fassung verwendet. Wenn Sie mehr über dieses Projekt erfahren möchten oder mithelfen wollen, besuchen Sie bitte die Website www.jakob-lorber.at.

Wolfgang Burtscher

Erste Stunde

Leichtsinn und Gewissensschwäche

Die Gottheit sei ein Tyrann. Wie aus Menschen Verbrecher werden. Entstehung von
Schismen und Sekten.

1. In der sogenannten bessern und gebildeten Welt, wo besonders die christliche Religion unter verschiedenen Sektenformen gang und gäbe ist, wird die Moral meist nur also gepredigt, wie sie in politischer Hinsicht den Machthabern entweder in weltlichen oder in geistlichen Dingen gerade am zweckdienlichsten ist.

2. Es wird dem Volk eine graue Kenntnis Gottes beigebracht, nicht darum, dass sie Selben erkennen und lieben, sondern nur als den unerbittlichsten Tyrannen aller Tyrannen unermesslich fürchten sollen; und so wird die Gottheit nur als eine Geisel gepredigt, die noch fruchten soll, wenn alle andern Geiseln schon fruchtlos geworden sind.

3. Statt dass die Gottheit dem Volk zum allerhöchsten Trost bekannt gegeben werden möchte, wird sie demselben nur gegeben als ein Etwas, das nichts zu tun hat, als in jeder Minute Milliarden von solchen moralisch verdorbenen und ungehorsamen Kindern ins ewige Feuermeer unwiderruflich zu verdammen.

4. Und so seht euch ein wenig um —, erblickt die zahllosen Kerker, die alle voll angefüllt sind mit allerlei moralischen Verbrechern, und wie von Minute zu Minute diese Kerker immerwährend einen großzähligen Zuwachs bekommen, dass, wenn diese Kerker auf einem Punkt vereinigt

wären, ihr glauben müsstet, die ganze Generation der Erde wird sich in wenigen Jahren bequemen müssen, allda hinein zu marschieren.

5. Und fragt, was geschieht denn nun diesen Menschen, die da hinein kommen? Da seht nur ein wenig her gegen Morgen; seht, da stehen schon eine Anzahl totenbleicher Scharen, umgeben von allerlei bewaffneten Menschen und giftigen Richtern und seht weiter da eine Anzahl Mordinstrumente, mit denen diese Unglücklichen hingerichtet werden. Allda seht ihr brennende Scheiterhaufen, Galgen, Schafotte und vielerlei andere Mordinstrumente. Seht, das ist die letzte Besserungsanstalt für solche moralischen Verbrecher!

6. Nun werdet ihr fragen, was haben denn alle diese angestellt? Ja, sage Ich, es gibt darunter Mörder, Räuber, Diebe, Überläufer und Aufwiegler des Staates. Es gibt ferner noch eine Menge Menschen, die durch allerlei Betrügereien dem Staat großen Schaden gebracht haben; darunter, die sich gegen eine oder die andere politische oder auch moralische Anordnung schwer verstoßen haben. Seht, da sind sonach die Verbrechen dieser Unglücklichen aufgedeckt, insoweit dieselben als wenigstens ein scheinbarer Grund dienen können.

7. Nun aber wollen wir eine weitere Frage tun, und fragen: Worin liegt denn der Grund, dass diese Menschen zu solchen Verbrechern geworden sind? Und so ihr auch jemand andern fragen möchtet um diesen Grund, so werdet ihr sicher keine andere Antwort bekommen, als: Der Grund liegt entweder in der vernachlässigten Erziehung, oder, was ohnedies ein und dasselbe ist, es waren schon ihre Eltern, Vor- und Ureltern also gestaltet.

8. Ich frage aber wieder, woran lag es denn, dass diese Menschen eine so schlechte Erziehung erhielten, ja dass man in der Erziehung eine ganze Generation vernachlässigt hat? Ihr dürft gar nicht weit greifen, und die Antwort wird sich euch von selbst aufdrängen: Der Hauptgrund

ist kein anderer als die Politik, vermöge welcher die machthabende Menschenklasse sich um nichts so sehr kümmert, als dass die Untergeordneten ja so viel als möglich in aller Dunkelheit gehalten werden möchten, in der Furcht, wenn das Volk nähere Aufschlüsse über Mich und dadurch auch über seine eigene Bestimmung erhalten möchte, es da mit ihrer Macht und ihren zeitlichen Einkünften bald ein Ende haben dürfte.

9. O, diese Narren! Sie sollten nur hinblicken auf Meinen David, der selbst ein König und ein Prophet, und als solcher ein großer Volkslehrer war, und sie würden alsobald ersehen, dass ein Volk, das Gott und Seine Bestimmung erkennt, auch ein Volk ist voll Gehorsams und guten Willens;

10. und Tausende können mit einer Federflaume leichter regiert werden, als zehn finstere Dümmlinge, die von Mir keine andere Vorstellung haben, als jene eines vielleicht existierenden Tyrannen, oder eines Wesens, das früher (zuvor, d. Ed.) seinem Gläubigen gleich einem Vampyr den letzten Blutstropfen ausgesaugt, bis es ihn endlich mit dem ewigen Leben, auf einer lichten Wolke ewig kniend und anbetend, beseligt.

11. Seht, ist es da nicht leicht zu begreifen, dass Menschen sich von einem solchen bösartigen Gott so viel als möglich loszumachen suchen? Und wenn sie auch noch irgend Religion besitzen, so besteht diese in einer puren Zeremonie, und diese nur aus rein göttlichen Rücksichten.

12. Die Folge davon war schon im Anfang keine andere, als dass der weltsüchtigere Teil sich endlich von aller Religion und was immer für einer christlichen Gotteslehre, wie ihr zu sagen pflegt, aus dem Staub gemacht hat.

13. Andererseits entstanden Kirchentrennungen und Sektiererreien, und zwar durch Männer, die mehr oder weniger die Torheit einer solch

gepredigten Gottheit einsahen, und gewisserart in ihrem Geiste sagten: Hört, mit der Gottheit, wie sie da gelehrt wird, ist ja rein nicht auszukommen; wir wollen daher die reine Lehre selbst zur Hand nehmen, sie näher prüfen, und sehen, ob der Gottheit nicht irgend bessere Seiten abzugewinnen sind?

14. Und sie fanden in solcher Prüfung auch wirklich, dass Ich denn doch kein solcher Tyrann bin; vergaßen aber auf der andern Seite, dass Ich dessen ungeachtet Gott bin, und nahmen dann Meinen Willen ebenfalls zu lau; andere setzten Mich wieder so hoch hinauf, und philosophierten sich auf diese Weise jede Handlung, die in ihrer Natur nur irgend eine Anregung findet, für gerecht und vollends Meinem Willen gemäß, in der irrigen Idee, dass, was immer da ihnen durch den törichten Sinn fährt, ein Wille von Mir sei, und so entstanden anstatt der alten Torheit eine Menge Albernheiten und göttliche Begriffsverschiedenheiten, dass es sich wahrhaft nicht der Mühe lohnt, sie für euch aufzuzählen.

15. Der Grund von allem dem war und ist kein anderer, als, wie schon oben bemerkt wurde, teils die moralische Politik, hauptsächlich aber die Trägheit und auch Furcht bei den Menschen, die vorgezeichneten Wege zum ewigen Leben im Ernst zu ergreifen; denn wahrlich sage Ich, wer Mein Reich nicht nimmt, wie Ich es verkündigt habe, der wird es nicht erhalten, und sollte er auch alle Sekten in sich vereinigen, oder unter allen Sekten stehen; denn Ich allein bin der Weg, die Wahrheit und das Leben.

Kapitel 2

Zweite Stunde

Folgen des Leichtsinns

Asien. Die Burg des Brama. Überall Tyrannei.
Der gepredigte Gott ist der Satan.

1. Da seht her auf die Tafel; seht, das Land, was vor euch ausgebreitet liegt, ist Asien. Seht da die Völker, wie sie samt und sämtlich mit dem dichtesten Schleier umhüllt durcheinander rennen, und nichts als Wehklagen über Wehklagen aus ihrer hohlen Brust ausstoßen.

2. Hier ist nichts zu finden als das krasseste Heidentum, und wenn auch noch hie und da eine christliche Schar zu Mir betet, wie sich auf dem Bild darstellt durch die kleinen nackten und blutenden Menschengruppen. Da seht hübsch in der Mitte von Asien eine riesenhafte Burg im Hochland; es ist die Burg des Gottes Brama. Seht, dieser stellt es recht an, denn er versteht die Kunst, sogar die Könige zu prellen, und sie mit Dreck zu füttern.

3. Niemand darf sich seiner Burg auf eine Stunde Weges nähern. Wehe dem Frevler; denn die Engel dieses Gottes stehen an allen Enden Wache haltend, als Herren über Leben und Tod.

4. Wer da hinkommt in die Nähe, und bringt Gold und Edelsteine, fette Ochsen, Kühe, Kälber und Schafe, dem tun die Engel nichts, sondern sie nehmen das Opfer in Empfang, und der Geber wird bloß mit 50 bis 100 Bambusstreichen entlassen.

5. Ihr werdet meinen, das sei etwas Arges. O nein, sage Ich; wer immer da zurückkommt, und zeigt seinen von den Engeln blau geschlagenen Rücken, dem wird selbst göttliche Verehrung erwiesen, und es ist

ihm ein Leichtes, sich durch diese Quittung die bedeutendsten Staats-
ämter zu verschaffen.

6. Allein es ist nicht das Einzige, was solchen Gebern widerfährt;
denn kommt da jemand nicht recht tüchtig beladen und bepackt, so
wird zwar die Gabe auch angenommen, aber der Geber wird nicht geprügelt, sondern wird von den Engeln mit allerlei andern schauerlichen
Bußen belegt, welche Bußen von der Art sind, dass sie hier erzählt beinahe unglaublich oder wenigstens im höchsten Grad lächerlich klingen
müssten.

7. Dass z. B. jemand Jahre lang auf einem Fuß unter einem Baum
stehen muss, ist nur eine Kleinigkeit; denn diese Engel sind in dergleichen Bußwerken so erfinderisch, dass ihr, gäbe Ich sie euch auch alle
kund, selbst Mir hart glauben würdet.

8. Ihre Grausamkeit hat in dieser Hinsicht keine Grenzen; und doch
ist ihre Verfassung überall so proklamiert, dass niemand nach ihrer
Lehre die ewige Seligkeit erlangen könne, wenn er diesem Brama wenigstens nicht einmal in seinem Leben ein tüchtiges Opfer dargebracht
hat.

9. Allein solche Opfer sind noch nicht alles, was dieser Brama von
seinen Gläubigen verlangt; er verlangt auch Menschenopfer. Fürs Erste
muss ihm jedes Weib nach dem Tod des Mannes geopfert werden, fürs
Zweite müssen ihm jährlich Mädchen und Knaben geopfert werden,
d. h., die Mädchen dürfen nicht unter zwölf, aber auch nicht über vier-
zehn Jahre alt sein; Knaben aber müssen schon im sechsten Jahre ihres
Alters geopfert werden.

10. Es versteht sich von selbst, dass die Mädchen von der ausge-
zeichnetsten Schönheit und die Knaben von der frischesten Gesundheit
sein müssen. Wer von den Eltern ein solches Opfer darbringt, nebst
noch einer andern bedeutenden Aussteuer dazu, der kann sich dann

zwei Dinge erbitten, nämlich dass er fürs Erste einen sogenannten Ab-
lass von allen seinen Kindern erlangt, und ihm alle Bußwerke erlassen
werden, oder er kann sich auch, was eine besondere Begünstigung ist,
von den Engeln alsogleich von seinem Körper entbinden lassen, um auf
diese Weise höchst zuverlässig zu seiner Seligkeit zu gelangen.

11. Ein anderes Begnadigungsmittel ist noch das, dass, so jemand
ein hübsches junges Weib genommen hat, so darf er dieselbe nicht eher
berühren, sondern wenn er diese Gnade erhalten will, so muss er sie an
die Grenze, da die Engel Wache halten, hinbringen. Allda muss sie sich
im Angesicht der Engel ganz nackt ausziehen, in ein schon dazu bereite-
tes Bad steigen, und sich da waschen, und wenn sie aus dem Bad
kommt, sich dann festlich schmücken, und sich von dem Wache haben-
den Engel drei Nächte hindurch beschlafen lassen.

12. Wenn sie dann zurückkommt, ist sie dann auch hinreichend ge-
segnet; und dieser Segen kann eine solche Wirkung haben, dass sie, falls
der Gatte früher stürbe, sich nicht zu verbrennen braucht, sondern kann
entweder eine andere Person für sich verbrennen lassen, oder sich vor
dem Verbrennen mittelst einer bedeutenden Opferung gänzlich ver-
wahren.

13. Ja, es gehen die Narrheiten oft noch weiter; so ist unter anderem auch das eine besondere Begünstigung, welches aber nur dann vollzogen wird, wenn das dafür entsprechende Opfer verabfolgt wurde,
dass einem von 1 bis 3 Jahre alten Mädchen von einem solchen Engel
die Schamlippen bis auf eine kleine Öffnung zusammengenäht werden,
zur Verwahrung der Keuschheit, und wenn dann ein solches Mädchen
mannbar geworden ist, so wird sie dann wieder hingebracht, und ein
solcher Engel macht dann wieder ihrer Mannbarkeit Luft; anderer Tor-
heiten ohne Zahl nicht zu gedenken, die da gang und gäbe sind.

14. Seht, solchem Unsinn muss Ich schon beinahe in das dritte Jahrtausend zusehen, wie dieses verruchte Volk im Besitz von der alten noch vorsündflutlichen Religion, davon ihr jetzt schon einige Kenntnisse habt, solchen unaussprechlichen Unfug treibt! — Da seht her am Ende der erleuchteten Tafel: Seht, eine Sanduhr ist es, und wenige Körnchen nur sind noch zum Falle übrig.

15. Ich will euch nicht all die scheußlichen Bilder von Persien, Arabien, der Türkei, dem chinesischen Reich, Sibirien und anderer kleinerer Staaten nicht zu gedenken, vorführen; denn ihr werdet nirgends etwas anderes entdecken als den allerscheußlichsten Völkerdruck, und der überall gepredigte Gott ist wahrlich nichts anderes als der Satan selbst in den verschiedenartigsten Ausartungen seiner Bosheit.

16. Kümmert euch aber jedoch nicht Meiner Langmut; denn die Armut des Geistes wird schon bereichert werden. Aber wehe den Dienern der Bosheit! O, ihr Lohn wird groß werden!

17. Ich sage, so erfinderisch auch der Satan ist, aber wahrlich, Ich habe im Geheimen auch eine Erfindung gemacht, über die er sich bald von Ewigkeit zu Ewigkeit wird zu wundern haben. Ich habe lange geduldet, und wartete allenthalben auf Besserung; allein die Erde ist voll Ekelgeruchs geworden; darum habe Ich Meine Fackel schon angezündet, um sie in der Bälde zu verbrennen, damit ihr Ekelgeruch nicht sogar in Meine Himmel emporsteige, und die Wohnungen Meiner Getreuen verpeste.

18. Daher seht auch ihr zu, dass euch die Welt nicht ärgere; denn jedes ihrer Worte ist eine Schaumblase, angefüllt mit tödlicher Pestilenz. — Daher hört Mein Wort, und befolgt Meinen Rat, so wird euch das Feuer der Erde nicht brennen, wenn Ich sie anzünden werde; denn es wird dieses Feuer Leben bringen den Lebendigen, und Tod den Toten.

Dritte Stunde

Fruchtlose Bemühungen

Afrika. Der Abgott Mohammed. Raub, Mord,
Sklaverei und Tyrannei überall. Letzte unverdorbene Menschen in Zentralafrika. Gräuel
des Sklavenhandels.

1. Nun, da seht her, das Land, das sich euren Blicken auf der weißen Tafel darstellt, ihr mögt es wohl erkennen, es ist Afrika. Seht es nur recht wohl an, es ist keine Landkarte, sage Ich euch, sondern das wirkliche Land im treuen Bild.

2. Seht hier die nördlichen Küsten, seht hier im Norden das alte Ägypten; seht weiter hin gegen Westen all die euch bekannten Raubstaaten, beseht allda die schroffen Gebirgsmassen und zwischen ihnen wieder unabsehbare Sandwüsten und Steppen.

3. Seht, überall herrscht der Abgott Mohammed; überall Raub, Mord, Sklaverei, und andererseits Despotismus und Tyrannei im höchsten Grad!

4. Seht, alle diese Einwohner, die da noch irgendein Gewerbe treiben, sind nichts als Leibeigene ihrer Herrscher; das Schwert des Despoten umschwirrt beständig ihren bloßen Nacken, so sie nicht alles beinahe, was sie sich erworben, abgeben an ihren Herrscher.

5. Seht, wie ihre Priester ihnen von ihren Türmen Fluch und Trug, aber keinen Segen predigen, und sättigen die Armen mit ihrer elysäischen Luft; während diese ihnen für dieses Nichts noch das, was ihnen der Herrscher gelassen, wenigstens zur Hälfte opfern müssen.

6. Seht, wie einige wenige Christen hier eine ganz elend klägliche Figur machen, während wieder andere mächtigere Namen-Christen wohlbewaffnet in mächtigen Heeren herumziehen und die Elenden noch elender machen, als sie ohnedies sind, und bringen ihnen, wie ihr seht, statt Meinem Segen und Meiner Gnade, Krieg, Tod, Verheerung, Hungersnot und noch andere zahllose Übel. Wahrlich, so arg hat es Paulus (Saulus, d. Ed.) nicht getrieben in seiner Christen-Verfolgung, als diese Christen es treiben mit den Elenden. Jedoch lassen wir diese Küste da oben, und sehen wir ein wenig nach Ägypten.

7. Seht dieses schöne Land, diesen einstmaligen Segen Jakobs. Seht hin, wie es aussieht; wahrlich, die Hure Babels ist eine reine Jungfrau dagegen.

8. Es bewässert zwar noch der alte Nil den Boden, da Joseph herrschte und dem Pharao alles war; aber welches Land bewässert dieser Nil jetzt?

9. Als das israelitische Volk von Mir heimgeführt wurde aus diesem Land, war dasselbe heimgesucht mit 7 harten Plagen auf eine kurze Zeit nur, bis die Kinder entlassen wurden; allein was waren diese Plagen gegen die jetzigen, deren Zahl kein Ende hat, ja, sie waren ein wahres Manna des Himmels dagegen.

10. Damals beherrschten dasselbe Land Heiden zwar; aber sie waren doch wenigstens Menschen, und wussten wohl zu achten den Wert des Menschen, und ihre Lehre war eine, die, wie die mittelasiatische, aus den Zeiten Noahs herrührte, und war ihnen wohl bekannt das Wesen des großen Gottes; und waren aus dieser Kenntnis in mannigfacher Weisheit, welche sie freilich nur gewisse Menschen durch ihre Mysterien lehrten, und taten dieses darum, damit der große Gott nicht durch irgend einen Unfähigen und Unwürdigen entheiliget werde; aus welchem Grund ihr Land denn auch strotzte von den sogenannten

Weltwundern aller Art, und ihre Weisheit und ihre Schule war bei allen Nationen als groß anerkannt.

11. Noch heutigen Tages seht ihr großartige Überreste der vormaligen Größe dieses Landes über den heißen Sand emporragen; aber nun seht dieses Land jetzt an. Seht dessen arme Völker, wie sie gleich andern Tieren gejagt werden; seht da ziemlich südlich einige friedliche Hütten, eingeschlossen von beinahe unübersteigbaren Bergen.

12. Doch daher blickt, und schaut kühne, bewaffnete Kletterer des Despoten kühn ersteigen die Bergspitzen, und seht hin, wie sie sich hinabstürzen auf die friedlichen Hütten, all die friedlichen Bewohner übel umbringen, und ihre ganze Habe fortschleppen, und setzen andere gefangene Menschen an ihre Stelle und legen ihnen bei der fürchterlichsten Todesstrafe die saure Pflicht auf, wenigstens für 10 Jahre im Verlauf von 3 Jahren den Tribut für den Despoten zu erarbeiten.

13. Seht hierher, da ist eine andere solche Landschaft, da vor 3 Jahren solches geschehen; seht, wie diese Tribut-Erheber sich soeben jenen dahin gestellten Sklaven nähern, und ihnen alle ihre erworbene Habe nehmen und fortschleppen, nachdem sie sie zuvor grausam misshandelt, und alle ihre Weiber und Mägde genotzüchtigt haben.

14. Nun, da seht weiter herauf, seht hier mehrere despotische Kriegsknechte mit Schlingen, Schwertern und Schießgewehren versehen; daher seht, wie soeben die Schlingen über die flüchtigen Bewohner dieser Gebirgsgegend hin und her geworfen werden; seht da ein wenig gegen Westen, wie einige über Felsen kletternd die Flucht ergreifen, Väter, Mütter, Kinder. Jung und Alt klimmen mit blutenden Fingern, um zu entrinnen den Wüterichen; aber seht auch zugleich, wie ihnen diese nachsetzen, und nun eines um das andere von den Felsen herabschießen; und nun seht, wie sie da schon eine Menge Gefangener, Männer

und Jünglinge, zusammenknebeln, um sie auf die elendeste und niederträchtigste Weise an den Ort ihrer militärischen Bestimmung zu bringen.

15. Und nun geht mit eurem Blick wieder herab von den Bergen, und seht da einen befugten Machthaber und Tributspächter des Despoten, wie er, um seine Geilheit aufzufrischen, einen ganzen Tross von Sklavinnen mit einer Peitsche durcheinander treibt, um dann wieder eine unter seinen mächtigen Hieben Blutende beschlafen zu können; anderer Gräuel, die hier in diesem Land jetzt zahlreich verübt werden, nicht zu gedenken.

16. Nun seht, wie dieses Land aussieht; vergleicht diese Plagen mit den einstigen sieben, und wahrlich, ihr müsst es gestehen, dass sie ein reines Manna des Himmels waren; denn wollt ihr euch den höchsten Grad der höllischen Verworfenheit denken, so reist nach Ägypten, und ihr werdet ihn buchstäblich finden.

17. Denn Ich sage, und kann euch nicht mehr sagen, so weit ist es allhier gekommen, dass sogar eine Wohltat, die alldort ausgeübt wird von den Großen dieses schönen Reiches, eine allerbarste Grausamkeit ist.

18. Da seht nur ein wenig hierher in die Krankenhäuser, Hospitäler und Irrenanstalten; seht, wie die Kranken mit allerlei Mitteln gemartert werden, die Armen beinahe mit Unrat gefüttert, und die Irrsinnigen gleich den Mumien in den Mauerlöchern, versehen mit einem eisernen Gitter, kauern, schreien und wehklagen.

19. Ich will euch die Sache nicht näher auseinandersetzen, und es genüge, wenn ich sage, dass alldort eine Wohltat eine barste Grausamkeit ist; denkt euch selbst, unter welcher Gestalt dann erst die Grausamkeit selbst erscheint.

20. Nun lassen wir diesen nördlichen Teil dieses elenden Landes, wie auch den von ganz Afrika, und dahier seht die unbekannte Mitte dieses

Landes! Seht hier noch hie und da die Hütten zerstreut, seht, dieses Land ist groß und ist ringsum eingeschlossen von den unübersteiglichsten Bergen; seht, das ist der einzige Punkt der Erde, da sich noch eine unverdorbene, höchst gutmütige Menschenklasse vorfindet.

21. Seht, diese Menschen sind alle noch im innern Schauen, und außer einem von Mir abgesandten Jünger des Apostels Thomas hat noch kein fremder Fuß dieses Land betreten, und so ist dieses freilich kleine Völklein, welches sparsam nur die heißen Gegenden bewohnt, in Meiner reinen Lehre, die bis auf diese Stunde noch nicht getrübt worden ist.

22. Das ist zugleich der einzige kleine Anhängepunkt, der die Erde noch verbindet mit Meinem Himmel, und merkt euch wohl, was Ich euch soeben sagen werde: Wenn ein frecher Fuß dieses Heiligtum habsüchtig betreten wird, will Ich Meine Fackel über die Erde schleudern.

23. Aber seht da eben von diesem Land aus gegen Osten und gegen Westen, wie zwei Hauptnationen voll Habsucht und Gier schon alle möglichen Leitern an die Gebirge anlegen, um in diesem Lande ihren unersättlichen Durst nach dem vermeintlichen Gold zu stillen.

24. Ja, Ich sage euch, es wird ihnen auch bald gelingen, und sie sind nahe daran, da hinein zu dringen; aber wahrlich, sage Ich, sie werden kein Gold finden, darnach sie dürsten. Sie werden zwar ein Gold finden; aber dieses Gold wird mit seiner Schwere die ganze Erde übel erdrücken.

25. Und nun begebt euch noch ein wenig hierher, an die südwestliche Küste dieses Landes. Seht da dem löblichen Menschenhandel ein wenig zu, seht, wie allda despotische Wucherer ihre unter allen Namen verruchten Schiffe mit den armen unsterblichen Menschen vollauf bepacken; seht ein wenig herein in dieses Schiff; seht, wie es ringsum kaum spannhohe Brettergalerien hat, und wie da auf diese Galerien gleich Holzscheiten diese Armen nebeneinander hin auf dem Bauch liegend geschichtet werden.

26. Nun seht, es ist ein solches Schiff bepackt mit 600 bis 1 000 solcher Unglücklichen; vor eines jeden Mund wird zu seiner Nahrung von dieser Küste aus bis nach Amerika hin ein 4 Pfund schwerer Steinbrotziegel gelegt, vorne gegen den Mund zu läuft überall eine Rinne, da für alle einmal des Tages Wasser hineingegossen wird.

27. Seht, mit dieser Kost muss ein so armer Mensch eine Reise von oft 2 000 Meilen machen, und während der Fahrt wird täglich eine Untersuchung geführt, ob nicht einige zu Grunde gegangen sind.

28. Wie geschieht aber diese Untersuchung? Da seht her, da geht soeben ein sogenannter Sklavenwärter mit einem spitzigen Instrument längs der Galerien herum, und sticht irgendeinen in den Fuß, und schreit der so Misshandelte, so gilt das für ein Zeichen, dass er noch lebt.

29. Es gibt auch noch andere Lebensprobiermittel, die sich solcher echt satanische Frevel dieser Menschenkaufleute erlaubt; allein wir wollen deren nicht ferner gedenken, denn das ist gewiss, dass, so diese Kaufleute Löwen, Tiger, Schlangen und Hyänen führen, dass sie diesen Bestien eine unendlichmal größere Aufmerksamkeit, Sorgfalt und Pflege reichen als ihren armen Brüdern.

30. Und damit wir den ganzen Weltteil kennen lernen, so blickt noch ein wenig herab auf den südlichsten Teil dieses Landes, das da Gute-Hoffnung genannt wird. Wahrlich sage Ich euch, da ist wirklich für den Satan eine gute Hoffnung; denn eben dahier ist der Handel so bedeutend, dass der Fürst der Finsternis seine Kapitalien durchgehend zu 1 000 Prozent anlegt.

31. Mehr brauche Ich euch nicht zu sagen; wie sehr Mir solches Tun und Treiben gefällt, namentlich von Christen zuallermeist, könnet ihr euch leicht denken. Da wird ein großer Lohn folgen!

Kapitel 4

Vierte Stunde

Die große Not

Atlantik. Entdeckungsreisen. Blutdurst der sogenannten Christen. Gewinnsüchtige Aufbrin-
gung eines Sklavenschiffes.

1. Und nun seht her auf die Fläche. Wieder ein anderes Bild; es ist allda nichts zu sehen als Woge an Woge, und wie eine Flut die andere treibt. Ich darf Euch nur sagen: Es ist dieses Bild nichts anderes als ein kleiner Teil des atlantischen Meeres, und in dieser vierten Stunde wollen wir uns somit auch auf dieser großen Wasserfläche ein wenig herum-tummeln, um hie und da ein wenig dem Tun und Treiben der schwimmenden Häuser zuzusehen.

2. Nun seht her! Da auf dem westlichen Rand der Platte zeigt sich soeben ein großes sogenanntes Linienschiff, und seht, zu dessen Seite noch eine Menge anderer kleinerer Fahrzeuge unter verschiedenen Benennungen.

3. Nun, wir wollen dieses Schiff ein wenig verfolgen, und seht dahier auf dieser Seite im tiefen Süden zeigt sich eine ziemlich bedeutende Insel; seht, das Schiff geht in gerader Linie auf diese Insel los. Was meint ihr wohl, was dieses Schiff im Schilde führt?

4. Ratet ein wenig, blickt hinein in seine Vorratskammern; seht, es ist wenigstens auf 6 Jahre verproviantiert. Schaut in die goldene Kajüte des Kapitäns; seht auf die Tische hin, und ihr werdet finden Karten der Länder und die verschiedenartigsten Messinstrumente.

5. Nun dürftet ihr wohl schon beinahe erraten, was dieses Schiff im Schilde führt; nur wartet noch ein wenig. Betrachtet die Mienen des

Observators am hohen Mast, wie er mit einem Rohr versehen nach allen Seiten herumstiert und die unübersehbare Wasserfläche von Woge zu Woge mustert; aber noch immer erblickt er kein Land.

6. Seht, wie Verzweifelnde rennen die Menschen am Verdeck des Schiffes durcheinander; denn die lange dauernde Seefahrt hat ihnen das süße Wasser aufgezehrt.

7. Nun seht ein wenig die Szene! Seht, dahier werden Lose in einen Topf geworfen; seht, nun ziehen sie. Ein armer Neger hat das Los gezogen; seht, nun wird er entkleidet, seine Augen werden ihm verbunden; beide Arme an der Achsel fest unterbunden. Seht, es naht sich der Scherge und öffnet ihm die Adern, und das Blut, das aus seinen Adern entströmt, wird alsogleich mit etwas Rum vermengt, zur Stillung des Durstes getrunken, der entblutete Neger aber wird alsobald über Bord ins Meer geworfen; und weil dieser Trank nicht für alle hinreichte, so wird dieses Verfahren noch an einigen vollzogen und aus ihren Adern der Bluttrank bereitet.

8. Obschon diese Szene zu den äußerst seltenen gehört, und nur in der äußersten Wassernot dazu geschritten wird, so ist sie deswegen nichtsdestoweniger als zu entschuldigen; ja es wäre ein anderes, wenn in einer solchen Not sich einer oder der andere aus übergroßer Nächstenliebe entschließen möchte, seine Brüder zu ihrer Rettung vom Tod mit seinem Blut zu tränken, welche Tat dann wirklich für den, der solches täte, ein großes Zeugnis seiner Nächstenliebe wäre; aber auf diese Art ist es ein Gräuel, und es wäre besser, Tausende opferten sich freiwillig für einen, als dass einem eine solche grausame Tat angetan wird.

9. Aber nun seht, der Observator schreit „Land" vom Korb; sogleich ist alles heiter auf dem Schiff, alle Segel werden, wie ihr seht, nach dieser Insel hingerichtet. Seht, wie ein Pfeil fliegt das Schiff über turmhohe Wogen dahin, und seht, sie haben soeben eine Bucht erreicht; die Anker

werden geworfen, alle Mannschaft bis auf die nötigen Wachen eilt in die kleinen Fahrzeuge und mit diesen an die Küste.

10. Seht, wie sie da an der Küste alsobald eine frische Quelle entdecken, und es nun toll und voll zugeht, um das frische Wasser zu nehmen; und so ist in einigen Stunden das Schiff wieder mit süßem Wasser versehen, und wird jetzt alles wieder flott gemacht.

11. Langsam bewegen sich nun die Fahrzeuge längs der Küste, um zu sehen, ob dieses Land schon irgend bewohnt ist, oder nicht? Sie entdecken nun soeben einen Ort, aus einfachen runden Hütten bestehend; sogleich nähern sie sich diesem Ort.

12. Es wird gelandet und ans Land gestiegen; die Bewohner, von dem Kanonendonner aufgeschreckt, ergreifen die Flucht; aber alsobald werden ihre Hütten klein durchsucht, und was da gefunden wird, wird in Empfang genommen, was es nur immer sei, und welchen Namen es auch haben möge. Seht, da wurde schon ein armes Völklein seiner ganzen Habe beraubt; allein das ist noch nicht alles von dieser Szene.

13. Diese armen Fliehenden werden verfolgt, nicht selten fast gänzlich aufgerieben, oder, wenn es gut geht, wenigstens gefangen genommen und als gute Handelsprise nach Zeit und Gelegenheit in Amerika verkauft.

14. Seht, nun werdet ihr schon wissen, was dies für ein Schiff war, und was es im Schilde geführt. Seht, es war ein Schiff, das auf Entdeckungsreisen ausgeht.

15. Lassen wir aber dieses Schiff nun seinen infam schlechten Weg fernerhin verfolgen, seht, dahier ist schon ein anderes. Jedoch dieses Schiff, was ihr jetzt seht, zeig' Ich euch im Geiste nur; denn es ist schon im Jahre 1835 im mittelländischen Meer entdeckt worden von einem anderen französischen Schiffer, und wurde auch sogleich vernichtet.

16. Jetzt aber zeige Ich es euch, wie es vor dieser Zeit im atlantischen Meer sein Unwesen trieb. Wohlgemerkt, es ist dieses etwa nicht das einzige; wohl bei 20 Schiffe der Art treiben sich noch gegenwärtig in den atlantischen Gewässern, Unheil bringend, herum.

17. Die Herren dieser Schiffe sind meistens Spanier und Portugiesen, und nur 4 darunter sind muselmännisch. Und seht, dieses Schiff läuft soeben voll mit Sklaven bepackt von der Küste Afrikas ab, um dieselben nach Amerika an einen dortigen abermaligen Sklavenhändler zu verkaufen; aber nun seht her, kaum 200 Seemeilen von der Küste entfernt wird es von einem englischen Schiff entdeckt, verfolgt und gefangen genommen.

18. Die Matrosen wehren sich verzweifelt, allein es nützt nichts; die Macht des englischen Schiffes ist diesem Raubschiff bei Weitem überlegen, und so muss sich dasselbe ergeben. Die englischen Matrosen steigen nun alsobald auf das Verdeck dieses Schiffes, befreien die Sklaven, und bringen dieselben auf ihr Schiff unter eine etwas bessere Pflege.

19. Was geschieht aber mit diesem Raubschiff? Da seht nur recht genau her, ihr werdet es gleich entdecken. Seht, wie emsig die englischen Matrosen, also kommandiert von ihrem Befehlshaber, die sämtliche Mannschaft dieses Schiffes ausziehen, ihre Kleider ins Meer werfen, die Menschen aber mit langen spitzigen Nägeln nach der Ordnung der Sklavenlagerung ans Verdeck annageln, den Kapitän aber auf dem Mast bei den Händen mit dem Gesicht auswärts aufhängen und seine Füße mit einem Strick unter dem Mast befestigen; und als sie mit dieser Arbeit nun fertig sind, gehen sie in die Kajüten, nehmen noch alles Brauchbare zu sich, spannen dann die Segel dieses Schiffes, verlassen es dann, natürlich in ihr Schiff zurückkehrend, und geben es mit dem gellendsten Jammergeschrei von dem Verdeck den Winden preis.

20. Seht, und denkt, was da am Ende herauskommen muss, wenn eine Grausamkeit gegen die andere also bloß nach grausamer Laune auftritt! — Und denkt, wie sich solche Szenen im Angesicht Dessen ausnehmen, der noch am Kreuz sterbend für seine Feinde den Vater um Vergebung bat!

21. Gäbe es denn keine anderen Mittel, um das Übel des Sklavenhandels zu unterdrücken, als gerade solche, die entweder so oder so, doch stets mit dem Siegel der kaum denkbaren Grausamkeit bezeichnet sind?

22. Aber ihr werdet fragen, was haben denn die Sklavenbefreier jetzt mit den Sklaven getan? Meint ihr, sie haben dieselben etwa zurück in ihr Vaterland gebracht; o nein, das haben sie nicht getan.

23. Sie verkauften zwar dieselben auch nicht; aber sie behielten sie in eigenen Diensten, da sie selbst Besitzungen in Amerika hatten; und auf diese Art kamen sie sie natürlich viel billiger, als wenn sie sie hätten kaufen müssen.

24. Und so seht, wird jetzt gegen diesen Sklavenhandel von Seite Englands wohl große dagegen strebende Aufsicht gepflogen. Wird nun ein solches Schiff, mit Sklaven bepackt, entdeckt, so wird es alsobald gewaltig strafend gefangen genommen, die Sklaven werden frei gemacht, und dort entweder frei zur Arbeit verwendet, häufig aber dann auch aus freier Hand verkauft; und so ist dann diese Handlungsweise nichts anderes, als was das alte römische Sprichwort sagt: *Scyllam prateris, Charybdim invadis.*

25. Seht, dieses zeigte Ich euch bloß darum, damit ihr euch den wahren Begriff von der sogenannten Aufhebung des Sklavenhandels machen könnt. Und so bleibt ein schnöder Kaufmann ein Kaufmann, und scheut sich gar nicht, in Meinem Heiligtum seine schändlichen Wechselbuden und Kramläden aufzurichten.

26. Ja, wenn du einem solchen Geldhund eine Million Goldstücke bietest, verkauft er dir das blutende Herz seiner eigenen Tochter, und du darfst ihm nicht noch einmal so viel bieten, so ist ihm auch der Kopf seines erstgeborenen Sohnes feil.

27. Aber ihr werdet sagen, geht es denn auf allen Schiffen so elendiglich zu? Wird nirgends in diesen schwankenden Häusern Gottes gedacht?

28. Da sage Ich euch: Es ist zwar ein jedes Schiff mit einem, oft auch mit mehreren Priestern versehen, welche der Zeremonie wegen, so wie eine Musikbande der Matrosen wegen, einem solchen Schiff als Ballast beigegeben werden, und die letztere Benennung hat auch das meiste Gewicht; denn alles andere ist nichts als leere Form, und die Staatsfahne des Schiffes ist auf diesem Schiff ein bei Weitem größeres Heiligtum als die gesamte Priesterschaft und ihr schwankender Gottesdienst. Bei einigen Besseren werde Ich nur dann angerufen, wenn donnernde Wasserwogen sie auf eine kurze Zeit von ihrem Gewinntaumel erwecken.

29. Übrigens ist auf einem jeden Schiff die Tyrannei so gang und gäbe, dass sie, einem Herrscher Ägyptens an die Seite gestellt, selbem keine Schande machen würde; und diese kalte und trockene Gefühllosigkeit der oberen Seeleute wird dann in der moralischen Welt die Schiffszucht genannt.

30. Ich sage aber zum Schluss dieser vierten Stunde: Wohl bekomme es solchen gewaltigen Bemühungen; wahrlich, ihr Lohn wird dereinst nicht klein sein!

Kapitel 5

Fünfte Stunde

Versklavung

Nordamerika. Sklavenhandel unter einer moralischen Politik. Gräuel der Sklaverei auf einer Zuckerplantage.

1. Und nachdem wir uns jetzt auf dem Meer herum schiffend befunden haben, so lasst uns denn ein solches Sklavenschiff besteigen, und mit demselben unter sehr günstigem Wind ebenfalls und zwar nach Nordamerika segeln.

2. Da seht, dieser grüne Streif, der sich da anfängt zu zeigen, ist schon ein wohlbekannter nordamerikanischer östlicher Küstenstrich.

3. Seht, wie es immer deutlicher und deutlicher wird; seht, schon bemerkt ihr eine große Stadt, versehen mit einem großen Hafen.

4. Nun seht, wir sind vollends da, wie es wogt und wimmelt von gewinnsüchtigen Menschen auf den Schiffen, in dem Hafen und auf den Wällen desselben.

5. Seht jetzt, soeben werden die freien Sklaven ans Land gesetzt, alles läuft und rennt dahin; aber da kommt ein überaus wohlgenährter Zuckerplantagen-Inhaber, und verdingt die Sklaven in seinen Dienst.

6. Dem Schiffskapitän, der an diesen Sklaven ein so menschenfreundliches Werk ausgeübt hat, wird zwar für die überbrachten Sklaven kein Kaufschilling geboten, sondern es wird ihm bloß eine wohlgenährte Belohnung für seine menschenfreundlichen Gesinnungen dargereicht.

7. Nun seht, auf diese Weise bekommt solche grausliche Mäklerei freilich eine äußere Humanität und Schein von Menschen- und

Nächstenliebe; aber im Innern ist sie nichts anderes als derselbe Sklavenhandel, nur unter einer moralischen Politik.

8. Da sich aber die Sache so verhält, so wollen wir einen kleinen Blick auf eine solche Zuckerplantage tun; und damit wir nicht lange auf unserer Tafel herumzusuchen brauchen, so seht nur alsogleich hierher!

9. Da unweit außer der Stadt, seht da, in der Mitte der Tafel ist gerade die sehr bedeutende Plantage unseres früher gesehenen großmütigen Belohners der Menschlichkeit.

10. Da seht hin auf einen kleinen Teil nur seiner Besitzung, wie da 100 solcher Armen fast ganz nackt unausgesetzt arbeiten müssen.

11. Seht, wie hinter je 10 ein ebenfalls gut aussehender Sklavenvogt, mit Flinte und Schwert bewaffnet, und obendrauf noch eine scharfe Hetzpeitsche in der Hand hält, und wie sich ein Armer nur eine Minute lang von der Erde aufrichtet, um seinen Arbeitsschmerz zu lindern, da ihm durch das beständige Gebücktsein beinahe alle Glieder steif geworden sind, seht nur hierher, und überzeuget euch selbst, wie grausam der ehrliche sorgsame Vogt alsogleich sein Hetzwerkzeug in Bewegung setzt, in dessen Benützung er eine solche Fertigkeit hat, dass jeder Hieb reichlich das Blut aus dem Leib des getroffenen Armen entlockt.

12. Ihr werdet aber meinen, vielleicht werden doch diese Sklaven wenigstens menschlich genährt, damit sie hinreichende Kraft bekämen für solche Arbeiten, bei denen der Satan erliegen müsste.

13. Ich will es euch nicht sagen, sondern seht selbst daher auf diesen kleinen Fleck, und was ihr seht, ist eben eine solche Sklaven-Mahlzeit.

14. Ihr seht freilich nach irgendeiner Schüssel; allein die Schüssel, und nicht nur eine, sondern viele für so viele Sklaven, hätte der Inhaber ja ums Geld kaufen müssen, und da fragt ein solcher, was kommt billiger als eine solche Schüssel, und nach nicht langem Denken findet der große

Spekulant einen ausgehöhlten Baumstamm, gleich einem großen langen Trog, im Hof aufgerichtet, für zweckdienlicher.

15. Und nun seht in dieser langen Schüssel das Gericht, welches in nichts anderem besteht als im Wasser nur schlecht gekochten Hülsenfrüchten, das da entweder in Linsen, Bohnen oder an Feiertagen in einer Art Feldgrütze besteht.

16. Mit solcher Kost wird also dieser Trog gefüllt, und die Arbeiter werden dann entweder durch die sogenannte Sklavenratsche oder auch durch Peitschenknall eingeladen.

17. Es versteht sich aber, dass zu dieser Mahlzeit nur die nahe arbeitenden Sklaven geladen werden; diejenigen, die in der Ferne arbeiten, werden entweder mit einer Art Brot versehen, an welchem ihr wahrlich ersticken würdet, oder wenn die Arbeit in der Ferne nicht zu sehr nötigend ist, so wird ihnen gestattet, sich dort in einer eigens dazu errichteten Hütte ihr bekanntes Mittagsmahl abzukochen.

18. Aber, wohl gemerkt, über ¼ Stunde darf die Mahlzeit außer an einem Feiertag nie dauern. Wer da allenfalls zu spät gekommen wäre, wenn das Zeichen zur Arbeit wieder gegeben wird, der setzt sich augenblicklich den derbsten Misshandlungen aus.

19. Mit hölzernen Löffeln wird nur an Feiertagen gespeist. Nun würdet ihr fragen, was haben denn diese Sklaven für einen anderen Lohn? Die gar Fleißigen, die sozusagen Tag und Nacht sich zu Tode arbeiten, bekommen dann und wann etwas Rum und einige Früchte, und sogar für Feiertage eine abgetragene Jacke anzuziehen.

20. Das ist schon so ungefähr das meiste, womit diese Armen menschenfreundlich bedacht werden; für die andern ist ein sechsstündiger Schlaf und die bekannte Mahlzeit alles, was sie für ihre Arbeit zum Lohn bekommen.

21. Nun werdet ihr fragen, hat denn ein solcher menschenfreundlicher und großmütiger Plantagen-Inhaber in Hinsicht auf die Behandlung seiner Sklaven keinen Herrn über sich? Seht, das kann Ich euch nicht im Bild zeigen, sondern es euch glatt heraussagen: Nein! — Sondern er ist in dieser Hinsicht ein unumschränkter Machthaber über Leben und Tod seiner Arbeiter, und hat das Recht, einen ungehorsamen Sklaven mittelst jeder beliebigen Todesart hinzurichten.

22. Damit ihr aber dieses so recht einseht, wie herrlich grausam ihre Gesetze sind, so zeige Ich euch ein Beispiel, dergleichen dort zu Hunderten, ja zu Tausenden erlebt werden.

23. Jüngst sind einem solchen Teufel wegen zu satanischer Behandlung zwei Sklaven durchgegangen. Ein nachbarliches Haus hatte dieselben aufgenommen; denn dieses nachbarliche Haus hatte doch wenigstens noch eine kleine Portion von menschlichem Gefühl im Leib.

24. Alsobald begab sich der beeinträchtigte Teufel zur Behörde, und reklamierte seine Flüchtlinge; das nachbarliche Haus, der Gesetze wohl bewusst, meldete sich alsobald bei der Behörde, und führte vermöge der vernommenen bitteren Klagen von Seite der Sklaven ein Wort zu ihren Gunsten.

25. Sofort entstand ein Prozess zwischen diesen beiden Nachbarn; und wie meint ihr, wie die weisen Richter diese Sache entschieden haben? Ich will euch das blanke Urteil hier kundgeben, und so möget ihr es am füglichsten erschauen, wie es in dem gebildet verschrienen Nordamerika steht.

26. Da habt ihr das Urteil, welches also lautete: „Der Nachbar hat bei Vermeidung einer Strafe von 1 000 Pfund die beiden Flüchtlinge dem Eigentümer entweder tot oder lebendig zu übermachen; wenn sie gehen, mögen sie lebendig dahin gebracht werden, im Weigerungsfall aber hat sie besagter Nachbar alsogleich niederzuschießen, und entweder

ihre Köpfe oder ihre ganzen Leiber dem Eigentümer zu überbringen, woselbst dann dieser nach seinem Gutdünken zu verfahren hat.

27. Sollten aber besagte zwei Flüchtlinge sich vor der erfolgten Exekution aus dem Staub gemacht haben, so hat jeder das notwendige Recht, sie auf Steg und Straße, wo sie nur immer angetroffen werden möchten, alsogleich zu erschießen."

28. Nun muss Ich nur noch eines erwähnen, damit ihr die Schändlichkeit ganz kennt. Es war im Urteil die Rede vom Gutdünken des Eigentümers; worin besteht denn dieses eigentlich? Da seht ein wenig auf Meine Tafel wieder her! Eine kleine Szene wird euch diese Frage zur Genüge beantworten.

29. Seht da einen Teich, es ist ein Fischteich eines solchen Inhabers, und seht, da in der Ecke dieses Teiches liegen eben zwei männliche und eine weibliche Sklavin geknebelt; es hat noch keines das zwanzigste Jahr erreicht.

30. An ihrer Seite liegt ein weiblicher und ein männlicher alter Sklave und zwar schon tot; es sind diese zwei Toten die Eltern dieser Jungen.

31. Seht daher, der Wächter steht auf; denn es nähert sich, wie ihr seht, der Inhaber mit zwei sogenannten Gladiatoren, seinen zwei Geschäftsführern und mehreren Sklavenvögten.

32. Seht, nun sind sie da mit fürchterlichen Mienen; sein Befehl oder vielmehr sein Gutdünken lautet für diese Armen dahin, dass zuerst die zwei Toten in kleine Stücke zerhauen werden, und dann die Stücke in den Teich geworfen zur Nahrung der Fische, sodann soll das Mädchen entknebelt werden, von all den Vögten, so sie Lust haben, beschlafen, und sodann erst zur Speise der Fische präpariert werden; die beiden Jungen aber sollen ein jeder auf einen Pfahl gebunden werden, sodann

zu Tode gegeißelt, und dann erst ebenfalls zum Fischfutter präpariert werden.

33. Seht, so sieht die so viel gerühmte Verfassung in dem hochgebildeten Nordamerika aus. — Nun urteilt selbst, mit welchem Namen möchten solche Kreaturen wohl benannt werden?

34. Wahrlich, da ist mein ärgster Feind, der Fürst aller Finsternis, ein elender Pfuscher dagegen; und fürwahr, ihr mögt Mir glauben oder nicht, ihr habt von Besessenen gehört, dass sie besessen werden und wurden von Teufeln und Satanen; aber Ich sage euch, dazu wäre kein Satan zu bewegen, um einen solchen nordamerikanischen Menschenfreund in den innerlichen Besitz zu nehmen; denn bei solchen Umständen ist denn doch noch einem jeden der unterste Grad der Hölle lieber als die Wohnung in einem solchen Zuckererzeuger!

35. Aus dieser kleinen Parallele könnet ihr euch wohl einen Begriff machen, wie solches Tun und Treiben sich in Meinem Angesicht gebärdet!

36. O, Ich sage euch: Wahrlich, ein jeder Brosame Zuckers ist von Mir mit tausendfachem Fluch belegt; denn wahrlich, wenn diese Unmenschen das dabei vergossene Blut nach Gewicht verkauften, so würde dieses das Hundertfache des gewonnenen Zuckers übertreffen.

37. Und so könnt ihr mit Sicherheit annehmen, dass auf einem Lot Zucker 100 Lot vergossenes Menschenblut kleben.

38. Seht, ich habe Mir also nur, euer Gemüt schonend, vorgenommen, dieses Weltteils besten Teil ansehen zu lassen, und so mögt ihr euch auch damit begnügen; denn wahrlich, zeigte Ich euch das Tun und Treiben auf der südlichen Hälfte dieses Landes, es würde euch die Feder in der Hand erlahmen, dass ihr nicht vermögen würdet, drei Sätze niederzuschreiben, und von solchen Extremitäten will Ich daher, wenn ihr

euch schon mehr angewöhnt werdet haben, mit Mir zu schauen Gräuel aller Art, in der 12. und letzten Stunde einiges kund geben.

39. Hier will Ich euch nichts vom einstigen Lohn sprechen, sondern dafür euch etwas Neues sagen: Solche Kreaturen sollen gänzlich auf ewig vernichtet werden. Amen.

Kapitel 6

Sechste Stunde

Hunger und Verderben

Beladung eines Zuckerschiffes. Schiffsunter-
gang. Kannibalismus. Ein englischer Verbre-
cher-Transport. Die unschuldig Deportierte.

1. Nachdem ihr euch hinreichend sattsam auf einem Punkt des
nördlichen Amerikas umgesehen habt, so wollen wir unsere Blicke an
der Tafel wieder zur Seeküste hinlenken und uns allda noch ein paar Augenblicke lang verweilen, bis dieses große Schiff, das ihr hier an der
Küste seht, voll bepackt wird mit Zucker; alsdann erst wollen wir mit diesem Schiff eine Reise mitmachen, dahin das Schiff seine Segel richten
wird.

2. Nun seht noch ein wenig daher auf den Punkt; seht, wie auf den
vielen Karren die Sklaven große Fässer und Kisten daher ans Ufer schleppen. Seht dahier einen schweren, wagenähnlichen Karren, wie er einem
kleinen Berg gleich mit Kisten bepackt ist; seht, wie vor diesem Karren
bei vierzig Sklaven Ochsen gleich eingespannt sind, und die Sklaven-
vögte sie mit Peitschenhieben zur Frachtbeschleunigung zwingen, und
wie an jeder Seite dieses Wagenberges eine Menge Sklaven denselben
mit Gabeln und Stricken vor dem Umfallen schützen müssen, und sobald
der Wagen nur irgendeine kaum merkliche Schwingung macht, die grausame Peitsche über ihren Nacken geschwungen wird.

3. Und seht, nun sind sie der Küste schon ziemlich nahegekommen;
es ging gut mit dem Wagen. Aber ihr habt es nicht bemerkt, ein Rad des
Wagens unterlag dem Gewicht, zerbricht, und seht, bei zwanzig Sklaven
liegen nun zerquetscht unter der großen Last des zu mächtig bepackten

Wagens, und die andere Hälfte wird darob, da sie den Wagen nicht aufhielt, mörderisch misshandelt, und auch der ziehenden Sklaven wird bei dieser Gelegenheit nicht geschont, wie ihr seht, und weil in der Höhe des Wagens eine schlecht beschlagene Kiste durch den gewaltigen Sturz kaum drei Lot des Zuckermehls aus einer Spalte verstreut hatte, so müssen diesen großen Schaden wenigstens drei Sklaven mit ihrem Leben entgelten; und alle Schuld, die an diesen scheußlichen Vögten und ihrer fast ununterbrochenen Besoffenheit liegt, müssen diese unschuldigen Lämmer der Menschheit entgelten.

4. Nun seht, jetzt haben die Wüteriche sich satt gegeißelt; also wird erst eine neue Ordnung getroffen, neue und kleinere Karren werden herbeigeschafft, und mit denen werden nun all diese Kisten unter Heulen und Klagen der Sklaven ans Ufer gebracht.

5. Nun seht, ist alles dahergebracht. Der Engländer übernimmt die Ware, und macht Richtigkeit dafür mit dem gegenwärtigen Buchhalter des Zuckerplantagen-Inhabers.

6. Nun müssen diese Kisten aber auch noch in das Schiff gebracht werden, und diese Arbeit wird in dem Handel mit verstanden, und fällt nun wieder den Sklaven zur Last.

7. Seht, wie sie in kleine Fahrzeuge die oft viele Zentner schweren Kisten hineinheben; aber glücklicherweise fällt ihnen doch keine ins Meer, was manchmal wohl zu geschehen pflegt, besonders wenn irgendein Sklavenvogt zu viel Branntwein in seinen Magen gegossen und seine armen Untergebenen zum Zeitvertreib misshandelt hat.

8. Wenn dann bei solchen Gelegenheiten ein so ungeheurer Schaden geschieht, dass die geschwächten Glieder der Sklaven nicht imstande sind, eine solche Kiste vollends ins Fahrzeug zu heben, und diese ihnen ins Wasser fällt, und wenn sie auch alsobald von den Sklaven herausgefischt wird, und kein Tropfen Wasser hineingedrungen ist zu ihrem

Inhalt, so werden solche unachtsame Arbeiter entweder zu Tode fast gepeitscht, oder manchmal nach der grausamen Laune solcher Vögte auch alsogleich erschossen und ins Meer geworfen.

9. Und diese Armen sind erst dann außer aller Gefahr, wenn all die Ware glücklich ins Schiff gebracht worden ist, woselbst dann natürlich die Karren wieder zurückgenommen werden, statt der Kisten sich die Vögte darauf lagern, wo es dann zu ihrer Lustbarkeit und ihrem Vergnügen in beständigem Galopp gehen muss, welches Schnellfuhrwerk sie mit ihrem Peitschengeschnalze gar wohl zu bewerkstelligen wissen.

10. Ihr werdet vielleicht fragen, was geschieht denn mit den Zerquetschten? Ich sage euch: Gar nichts, sondern da seht her und überzeugt euch mit den Augen eures Geistes, wie einige darunter mit zerbrochenen Händen und Füßen wehklagen, schreien und heulen und nach ihrer Art um Hilfe rufen; meint ihr, es wird etwa ein Wundarzt geholt, oder sie werden in irgendein Sklavenspital gebracht?

11. O, da irrt ihr euch! Diese Teufel von Menschen kennen eine viel schnellere Heilungsart als ihr; da wird einem jeden ein steinernes Pflaster umgehängt, und endlich kommt im Grund des Meeres noch ein allgemeiner Wasserumschlag dazu, und auf diese Art sind sie geheilt für alle ewigen Zeiten.

12. Nun dürftet ihr vielleicht noch fragen, wenn diese galoppierenden Sklaven mit ihren Vögten die Heimat erreicht haben, so wird für diese Armen doch wenigstens eine Ruhestunde, oder vielleicht gar eine Pause ausfallen?

13. O seht, solches ist dort zu Lande nicht üblich; aber wohl geschieht es öfter, wenn der Inhaber ein gar zu großer Unmensch ist, dass sie für ihre Unachtsamkeit noch eigens unter dem Kommando des barbarischen Eigentümers zu seiner Genüge misshandelt werden.

14. Und wollt ihr wissen die wahre Zahl dieser Unglücklichen, deren Los in der Sphäre des Unglücks durchaus keine bedeutenden Varietäten bietet?

15. Es sind deren durch das ganze nordamerikanische Freistaatengebiet bei elf Millionen; und ihr müsst euch unter diesen Sklaven nicht nur lauter Schwarze denken, sondern darunter gibt es auch wenigstens ein Viertel Weiße. Da aber denn doch ein Gesetz eine weiße Sklaverei verbietet, so werden weiße Sklaven eigens geschwärzt und eingeschwärzt.

16. Nun, nachdem wir jetzt so ziemlich alles beobachtet haben, so lasst uns denn nun auch in das Schiff steigen, welches, wie ihr seht, soeben segelfertig aus dem Hafen läuft. Nun seht, wie die Matrosen gleich Seiltänzern auf den Segelstangen ihre äquilibristischen Übungen machen.

17. Betrachtet ein wenig diese seeverbrannten Gesichter, deren Blöße nur von den elendsten Lumpen bedeckt ist. Seht, wie entmenscht und entwest sie aussehen, als gehörten sie einer andern Wesenreihe an als der menschlichen. Seht, diese Menschen sind also die vielbesprochenen englischen Seematrosen.

18. O Menschheit! In welche Tiefen hat dich dein Welttum gestürzt! Wie ferne bist du Mir, dem Urquell des Lebens, und wie nahe dem Abgrund des ewigen Verderbens! Dich schreckt nicht die Tiefe des Meeres; Meine Stürme sausen und brausen vergebens an deiner Stirn vorüber; du kennst niemanden mehr über dich denn dich selbst! Du starrst zwar mit deinem vermeintlichen Scharfblick weit hin über die trügerische Fläche der Wogen.

19. Du prophezeist den Sturm, und kennst all die Klippen und Sandbänke im Meer. Sorglos schwimmst du zwischen Leben und Tod auf leichten Brettern über unabsehbare Abgründe auf der schwankenden

Fläche von einer Weltgegend zur andern; aber das bedenkst du nicht, dass Ich, nicht mehr dein Vater, sondern Dein unerbittlicher Richter, Mich ebenfalls an Bord deines schwimmenden Bretterpalastes befinde.

20. Dir ist der Weg bekannt, und an den Furchen des Meeres erkennst du wohl deine Straße; siehe, deine Zeit ist zu Ende, Ich rühre mit einem Finger die Tiefen der Erde, und da du nichts ahnest, hab' Ich dir neue Klippen an deiner Straße gesetzt, die du nicht kennst, und Ich, der unsichtbare Steuermann, werde wohl wissen dein elendes Machwerk, diesen schändlichen Kasten, der da vollgepropft ist mit dem Unrat deiner schändlichen Hoffnungen, an die neue harte Stirn der dir unbekannten Klippen zu schleudern, und so dich zu verderben.

21. O seht, dieses bepackte Schiff läuft nun eben einer solchen unbekannten Klippe in die Arme. Seht, und erschreckt euch nicht, wie es der Wind pfeilschnell dahintreibt. Sie ahnen nichts; denn Ich habe ihnen die Klippe nicht über den Wasserspiegel erhoben.

22. Aber nun seht, zwei Augenblicke noch, und der elende Kasten liegt mit seinem ganzen Inhalt in Trümmern. Seht nun her; seht, jetzt schlägt es mit großer Gewalt mit der Brust an die Klippe. Seht, wie diese gänzlich zertrümmert ist, und wie das Schiff zu sinken anfängt; seht, wie diese Matrosen sich bemühen, die am großen Schiff hängenden Kähne loszumachen, und seht, wie einige mit größter Schnelligkeit Bretter zusammenraffen, und im Wasser schwimmend sich eine Plätte zusammenstoßen.

23. Seht, das Wrack hängt an dieser Klippe und eine Menge Menschen klammern sich an die über den Wasserspiegel ragenden Schiffsrippen, eine kleinere Menge schwimmt auf den elenden Fahrzeugen ihrem sicheren Tod entgegen; aber der Kapitän und der Inhaber der Waren kauern am hervorragenden Mast und ringen, von größter

Verzweiflung ergriffen, nun schon am dritten Tag nach dem Schiffbruch mit dem Tod; also auch die anderen Reisenden auf dem Schiffsgerippe.

24. Meint ihr, dass einer von diesen Menschen Mich um irgendeine Hilfe angefleht hat? Sondern hinstarren sie in die weite offene See, ob nicht ein Fahrzeug sich ihren Blicken zeigen möchte. Allein vergeblich ist ihr Schauen; denn weislich werde Ich die anderen Fahrzeuge also zu lenken wissen, dass sie so bald nicht in die Nähe dieser Stelle gelangen sollen.

25. Nun seht her, wie diese zwei am Mast kauernd miteinander ringen, ihr werdet meinen, sie suchen sich durch dieses Ringen desto fester an den Mast anzuklammern. Allein es führt dieses Ringen etwas anderes im Schilde und heißt: Hungersnot! Und da will einer den andern umbringen, auf dass er etwas zu essen bekäme.

26. Und seht hin auf die Rippen des Schiffes; da könnt ihr schon eine solche Mahlzeit sehen, wie ein anderer englischer Kaufmann seinem teuren Weib, die an ihn sich geklammert hat, soeben ihre Brüste mit großer Gier verzehrt.

27. Und seht, dieses Sicheinanderauffressen geht gewöhnlich bis auf einen fort, und dieser eine macht sich am Ende noch über sich selbst her und verzehrt sich soweit, als er sich nur erreichen kann; welche Szene nach wenigen Stunden gewöhnlich mit der Verblutung endet.

28. Was die Knochen betrifft, so wird von diesen so viel nur möglich ist herabgenagt, und das Übrige dann häufig fluchend ins Meer geworfen.

29. Und da wir nun hier nichts mehr zu leben und zu schauen haben, so wollen wir noch unsere drei Fahrzeuge verfolgen, und sehen, wie es da zugeht!

30. Nun seht, da ist schon eines; seht, aber nur drei mehr leichenartige menschliche Wesen kauern in demselben; das sind drei Helden,

welche sich zum Gesetz gemacht haben, da sie die andere Gesellschaft ins Wasser geworfen hatten, sich selbst untereinander nicht aufzufressen, und überlassen sich nun kaum mehr lebend ihrem blinden Zufall.

31. Damit ihr euch nicht länger bei diesen dreien aufzuhalten braucht, so wollen wir's mit diesen bald zu Ende bringen; seht da, eine mächtige Woge schlägt an das schwache Fahrzeug, und ein gutmütiger Hai wartet schon mit Sehnsucht auf den Inhalt dieses Fahrzeugs, welches er lange schon als treuer Gefährte begleitet hat.

32. Und nun seht, die Woge hat ihren Dienst getan, und der Hai seine mit Sehnsucht erwartete Beute verschlungen, und so gibt's auch hier für uns nichts mehr zu beobachten, und wollen wir ein anderes dieser Fahrzeuge aufsuchen.

33. Ihr werdet nun denken, wo wird sich dieses wohl befinden; Ich aber sage euch, sorgt euch nicht, der mit Mir sucht, dem wird das Finden nicht schwer werden. Nun, da seht her, es ist schon hier! — Zählt die Menschen, die sich darinnen noch befinden; es wird euch nicht schwer werden, die Szene zu bestimmen.

34. Warum zählt ihr denn nicht? — Ihr sagt, wir sehen niemanden. Da geht nur näher hierher, und seht hinein in den schwankenden Nachen; seht, nichts als abgenagte Knochen, und doch ist erst der zehnte Tag nach dem Schiffbruch! Ihr möchtet nun wohl wissen, wo denn der Letzte, der daran genagt hat, hingekommen ist, da er sich doch selbst nicht bis auf den kahlen Knochen aufgezehrt haben konnte?

35. Nun, da lenkt eure Blicke ein wenig seitwärts; seht, dahier in der mehr westlichen Hälfte der Tafel ragt eine wenige Klaftern um sich fassende bemooste Klippe über den Meeresspiegel hervor.

36. Seht, da kauert er verzweiflungsvoll in der Mitte dieses äußerst kleinen Eilandes, und wie er das Moos und das wenige Gras zusammenrafft, und solches in seinen Mund schiebt. Seht, das ist nun das Los

dieses Letzten, und dieser ist auch der Einzige, den von allen den Gestrandeten ein anderes Schiff in zwei Tagen noch lebend aufnehmen wird, darum, dass er Kunde brächte, was da geschehen; und dieser ist auch der Einzige, der sich wenigstens auf dieser Insel Meiner ein wenig zu erinnern angefangen.

37. Und so lassen wir diesen allda erwarten seine Rettung, und wollen nun sehen, wo denn die Plätte sich befindet. Nun, da seht her; da schwimmt die Plätte! Seht, auch hier ist kein Mensch mehr vorhanden, sondern einige Knochen sind mit einem Strick an ein Brett befestigt, und gleichfalls dort in der Mitte der Plätte eine verkorkte schwarze Flasche.

38. Der Letzte hat nämlich den Untergang des Schiffes, wie seinen eigenen, niedergeschrieben, und befestigte denselben samt der Flasche ebenfalls mit einem Strick an ein Brett, bei welcher Gelegenheit er schwächlich unvorsichtigerweise mit einem Fuß ins Wasser strauchte, und so sich noch einige Zeit mit den Händen am Brett haltend erhielt, bis ebenfalls ein feinschmeckender Hai ihm den halben Leib abriss, und endlich auch die andere Hälfte verzehrte.

39. Nun, seht, sind wir mit unserer Schifffahrt gänzlich zu Ende; und da nach eurem Sprichwort sogar der Tod seine Rechte verloren hat, allda nichts mehr ist, so wollen auch wir dahier unsere Schaurechte aufgeben, wo der Tod uns alles aus den Augen geraubt hat, und uns daher ein wenig fürbass auf unserer Wasser vorstellenden Tafel umsehen —, ob nicht für euch irgendetwas Denkwürdiges zu schauen in schon schwimmender Bereitschaft sich befindet.

40. Na, da seht her! Da schwimmt ja eben ein englisches Linienschiff daher; es ist außer den Matrosen und dem Steuermann nichts Lebendes am Verdeck zu erschauen. Ihr möchtet nun wohl wissen, was seine beteerten Bretter umschließen?

41. Nun, so seht her! Ich werde nun über dieses Schiff ein Epheta donnern, und sogleich wird das Schiff, als wäre es von Glas, durchsichtig werden, und sein Inhalt wird euch schauerlich genug in die Augen springen; und so sage ich denn: Epheta!

42. Seht jetzt, und urteilt, was es dahier ist und gibt; seht in den untern Räumen des Schiffs eine Zahl von dreihundert Menschen mit schweren Ketten belegt, beiderlei Geschlechts, beinahe ganz nackt; betrachtet ihre Leiber, wie abgemagert sie sind, zählt die blutunterlaufenen Striemen und betrachtet die elende Kost, die ihnen nicht etwa von Tag zu Tag, sondern von Woche zu Woche für die Person in einem kaum dritthalb Pfund schweren Steinbrot nebst einem Maßkrug faulen Wassers gereicht wird.

43. Seht, wie dort in einem Winkel ein ältlicher Mann, an dessen Füßen sich schon einige Ratten versucht haben, den hereintretenden Gefangenenwärter um den Tod bittet; seht dahin in einem andern Winkel eine wahre weibliche Venus nach eurem Schönheitsbegriff, um ihre weichen Arme Ketten angelegt, ängstlich schreien und flehen, dass man sie doch ins Meer werfen möchte, oder ihr doch nur wenigstens eine Hand frei zu geben, dass sie sich den sie beißenden Unrat von der Nase schaffen könnte.

44. Allein was tut der Wärter? Er nimmt einen scharfen Besen, und hält ihr denselben vor die Nase, dass sie sich reinigen sollte; auf diese Art zerkratzt und beschmiert er ihr das ganze Gesicht, dass dasselbe endlich voll Geschwüre und Eiter wird. — Und wenn sie über solche Behandlung klagt, so wird sie noch obendrein gezüchtigt.

45. Seht hinab zu ihren Füßen. O, diese zarten Füßchen! Wie waren sie erst vor drei Wochen im hohen Ansehen bei einem geilen und reichen englischen Prasser; allein, da dieses Mädchen zu verführen, seine reichen Versprechungen wenig ausrichteten, so wusste seine

Niederträchtigkeit seiner Rache solche Luft und solchen Weg zu machen, dass er dieses arme Mädchen wegen eines erdichteten vorgegebenen bedeutenden Diebstahls durch eine geheime Bestechung der geschworenen Richter dahin brachte, da ihr sie soeben jetzt seht.

46. Und so wie diese Arme hier deportiert wird als Verbrecherin, sind noch einige in dieser Gesellschaft, und seht darob gerade in dem entgegengesetzten Winkel einen noch ziemlich jungen Menschen angeheftet, der, da er der einzige Erbe eines reichen Mannes war, nach dem Tod seines Vaters von seiner eigenen Mutter mit der Hilfe eines ihrer schändlichen Liebhaber auch daher gebracht worden ist.

47. Wir wollen seine Geschichte nicht weiterverfolgen, sondern einen Rückblick machen auf die schönen zarten Füße unserer schönen Gefangenen. Seht, wie sie emsig springen, um das Schiffsungeziefer abzuwehren, mit ihren Füßen nicht ebenfalls den Versuch zu machen, wie mit den Füßen jenes Alten; und seht nur hinab noch tiefer zu ihren Füßen, wie sie sich schon durch ihren Fleiß ein ganzes förmliches Rattenpolster bereitet hat!

48. Und meint ihr, dass die faulen Schiffsbestien hinabgingen, wenigstens das getötete Ungeziefer aus dem Schiff zu räumen, o nein, das tun sie ja nicht; dafür rauchen sie diesen unglücklichen Teil des Schiffes lieber täglich mit Teer aus, um dadurch einer allfälligen Schiffskrankheit vorzubeugen.

49. Ihr werdet euch freilich denken, solche Unmenschlichkeit geht über alle Begriffe, und es müssen doch Ärzte und Priester dafür sorgen, dass die allfälligen äußeren Gesetze beobachtet werden möchten.

50. Ich sage euch aber, dass in England jedes Schiff, wie es den Hafen verlässt, keine anderen Gesetze hat als das lebendige des Kapitäns, und es dauert nicht lange, so blasen sämtliche Schiffsbehörden in ein Horn, und so herrscht auch oft nur eine Niederträchtigkeit unter einem und

demselben Verdeck, auch braucht's nicht mehr, als wie es eben hier der Fall war, dass eine solche junge schöne Deportierte den wilden Leidenschaften der oft betrunkenen Befehlshaberschaft nicht Gehör gibt, und sich zu allen erdenklichen geilen Niederträchtigkeiten gebrauchen lässt, so ist ihr für diese Welt bedauerungswürdigstes Urteil schon gesprochen. — Seht, jetzt werdet ihr schon einsehen, warum da das Ungeziefer nicht aus dem Schiff geschafft wird.

51. Aber das ist noch nicht das Einzige, was eine solche arme Deportierte auszustehen hat; es werden ihr obendrauf noch von ihren Mitgenossen beiderlei Geschlechts oft die grässlichsten Verwünschungen zugeheult, da es nur an ihr gelegen wäre, ihnen ihr Schicksal erträglicher gemacht zu haben.

52. Und seht euch noch ein wenig um in diesen Trauergemächern, und geht jetzt mit euren Blicken herauf in die glänzenden Gemächer der Schiffsherren; — seht, wie es da toll und voll zugeht!

53. Aus ihren Bechern sprüht schäumender Wein; alle schreien ein Lebehoch ihrem Befehlshaber zu, und einer darunter schreit auch: Es lebe unsere schöne Gefangene! Und alle stimmen wie von einem Wahnsinn ergriffen ihm beifällig zu.

54. Und seht, nun stecken die Häuptlinge die Köpfe zusammen. Was möchten sie wohl im Sinn haben, werdet ihr fragen. Kümmert euch nicht dieses Geheimnisses; denn es enthält nichts anderes als einen schlauen Kniff, um die arme Schöne zu gewinnen.

55. Und was meint ihr, worin dieser Kniff wohl besteht? Seht, dieser Kniff besteht in nichts anderem als in dem: Die Holde wird nun alsobald von ihren Fesseln befreit und sogleich unter wirksame ärztliche Pflege gebracht; da sie nun wiederhergestellt ist, so wird ihr ein förmlicher Heiratsantrag gemacht, vermöge welchem sie das Weib eines oder des andern Schiffsherrn werden kann.

56. Die Arme sieht den feinen Betrug nicht ein, durch die Höllentortur der unteren Gemächer zu sehr erschreckt, und verbindet sich unter einer falschen Einsegnung, nicht etwa des Priesters, sondern eines verkleideten Schiffssoldaten; auf diese Weise gebraucht sie nun ihr Scheingemahl, und zur Nachtzeit tritt an seine Stelle nach Willkür ein anderer, und also wird dann unsere arme Gefangene unbewusst zu einer Schiffshure.

57. Es geht ihr freilich für den Magen nichts ab, und sie ist in der glücklichen Idee, dass sie da ihr Glück gemacht habe. Aber die Augen werden ihr erst in Botany Bay, an einer Küste Australiens, geöffnet, da sie gleich den anderen Verbrechern der lebenslänglichen Geißelung preisgegeben wird. Das Schicksal dieser Unglücklichen folgt in der siebten Stunde.

Kapitel 7

Siebte Stunde

Der arge Dienstgeber

Australien. Die Verbrecher-Kolonie Botany
Bay. Beschreibung des Landes. Habsucht der
Kolonisten.

1. Nachdem wir das Schiff, dessen Bedeutung euch sicher nimmer fremd sein wird, in seiner gräuelhaften Handlungsweise hinreichend betrachtet haben, so wollen wir dasselbe verlassend einen Vorsprung machen, und das viernamige Land, welches nach eurer Bestimmung zwischen dem 131. und 171. Grade östlicher Länge wie auch zwischen dem 10. und 30. Grade südlicher Breite liegt, ein wenig zum Voraus in den Augenschein nehmen.

2. Denn solches ist allhier für euch notwendig, weil ihr mit der Beschaffenheit, Einteilung, wie auch mit den klimatischen Verhältnissen daselbst noch am wenigsten vertraut seid; und so seht denn her auf diese euch wohlbekannte Tafel!

3. Das Land, das sich euch darstellt, seht es nur gut an, ist das eigentliche Australien, Süd-Indien, Ozeanien und Polynesien. Seht, der südliche Teil dieses Landes, wie er noch aus unübersehbaren Pfützen und Morasten besteht, in welchen, so ihr eure Blicke recht schärfen wollt, ihr eine zahllose Menge von giftigen Ungeheuern und allerlei Geschmeiß entdecken werdet.

4. Und seht, wie da weiter südlich eine Menge Korallenringinseln sich fast bis zur Südpolregion fortziehen; aus welcher Ursache die südliche Küste dieses Landes nicht umfahren werden kann, wie es auch zu

Lande eine Unmöglichkeit ist, diese südliche Küste, die eigentlich keine Küste ist, zu erreichen, und ihre Beschaffenheit zu erforschen.

5. Welche Bekanntschaft darob noch umso schwerer zu machen ist, da dieses Land meistens aus unabsehbaren Ebenen besteht, welche nur hie und da mit kleinen unbedeutenden Hügeln unterbrochen werden; denn bedeutende Berge gibt es in diesem Land durchaus nicht, bis auf einige Korallen und Schiefer und Felsen an den Küsten.

6. Dieses bisher bekannte Land hat in seinem Kontinent einen Flächenraum von beinahe 200 000 Quadratmeilen, auf welchem Flächenraum bei zwei Millionen und etliche sechzig Tausend Menschen wohnen.

7. Die bewohnbarsten Ländereien befinden sich meistens an der Ostküste, welche euch auch schon mehr oder weniger bekannt sein dürften, als z. B. die Ländereien unter dem Namen: Karpentaria, Arehmesland, Witsland, Edelsland, Eintrachtsland, Leuwiesland, Nuytsland, Flintersland, Baudingsland, Grantsland und noch einige weniger bekannte Namen, an denen freilich nichts gelegen ist.

8. An dieser östlichen Küste befindet sich ein Landungsplatz unter dem Namen Botany Bay, an welchem Ort schon seit einem Verlauf von kaum zehn Jahren bis auf den gegenwärtigen Augenblick bei 170 000 Verbrecher von den Engländern ausgeschifft, und von da in die verschiedenen Ländereien verteilt wurden.

9. Aber nicht allein diese östliche Küste hat eine solche Bestimmung, sondern auch im Westen werden jetzt beinahe vorzugsweise solche Deportierte ausgeschifft.

10. Da seht einen Fluss, der sich dahier in das Meer ergießt; es ist der so benannte Schwanenfluss, und an seinen Ufern seht ihr auch eine ziemliche Stadt erbaut, von welcher aus nun eine Kolonisierung durch dahin gebrachte Verbrecher bewerkstelligt wird; aber mit viel

schlechterem Erfolg denn auf der Ostküste; denn hierher werden gewöhnlich nur die allerschlechtesten Spitzbuben Englands gegen eine Contreprise der Holl- und Niederländer, denen diese Küste gehört, verkauft, um dahier die höchst unwirtbare Gegend zu kultivieren.

11. Auf der Ostküste ist längere Zeit schon, nämlich auf Botany Bay, eine Stadt erbaut; sie wird Sidney genannt, wie die ganze Küste Neusüdwales.

12. Merkt euch aber für jetzt nur den westlichen Punkt; denn nachdem wir unser Schiff werden in Botany Bay landen sehen, wollen wir uns hierher verfügen, allwo die Menschenmarterei ums Undenkliche ärger ist als auf der Ostküste.

13. Bevor wir aber diese Hauptspektakel in den Augenschein nehmen wollen, will Ich euch noch mit dem Land selbst näher vertraut machen, damit ihr euch dann desto leichter einen wirklichen Begriff machen könnt, was das heißt, und sagen will, dahin entweder schuldig oder wohl gar unschuldig als Deportierter gebracht [zu] werden.

14. Nun seht her, wie es aussieht im Innern des Landes! Ihr meint, diese unabsehbaren Gefilde für euer Auge sind nichts als lauter Gebüschwälder.

15. O nein, sage Ich; es ist das Gras und muss es euch nicht wundern, wenn ihr da stellenweise drei bis vier Mann hohes Gras erblickt.

16. Es gleicht dieses Gras dem sogenannten Seerohr, und ist auf keine andere Weise auszurotten, als wenn es trocken geworden ist, durchs Feuer. Das Feuer muss aber zu einer Zeit angezündet werden, wenn von Norden Winde wehen; denn Winde aus dem Süden ersticken das Feuer.

17. Ihr möchtet sicher auch einen Baumwald sehen; allein solche Wälder gibt es hier nur sehr wenige, und die Bäume, die da besonders gegen die südlicheren Regionen wachsen, sind oft kaum so groß und

hoch als manches Gras, und bringen sehr wenig genießbare Früchte zum Vorschein.

18. In dem nördlichen Teil, wie auch an der östlichen Küste gibt es freilich schon häufig andersartige Anpflanzungen, welche aber samt und sämtlich nicht gar wohl fortkommen, und verändern nach und nach auch merklich ihre Natur.

19. Und so werden die Birnen oft ganz holzig, und an dem Stiel breiter denn an der Krone. Den Kirschen wachsen die Steinkerne oft auswendig an der Haut, und die Frucht selbst wird wässrig; u. dergl. euch vielleicht sonderbar klingende Veränderungen erleiden noch verschiedene andere Anpflanzungen. Am besten kommen noch die euch noch wenig bekannten Schlangennüsse fort, wie auch an der nördlichen Küste Kokosnüsse, indianische Feigen, das sogenannte Johannisbrot und eine Art Melonenpflaumen.

20. Es muss aber viele Sorgfalt getragen werden, dass die gewissen Schlangennüsse nicht von einem gewissen roten Insekt angestochen werden; fällt dann eine solche angestochene Nuss in die Erde, so wird eine Afterpflanze von höchst giftiger Art aus ihr, welche noch ums Zehnfache ärger ist denn der sogenannte Bohonupas;[1] denn wie sie nur ein Schuh hoch ihre Blätter über die Erde getrieben hat, so haben diese Blätter eine so heftige verheerende Giftausdünstung, dass sie nicht nur alle Tiere und Menschen, die sich ihnen nahen, töten, sondern sie richten auch oft in einem Umkreis von einer Stunde unter den Pflanzen eine solche Verheerung an, dass in kurzer Zeit nicht einmal eine Steinmoospflanze fortkommt, sondern es verdorrt alles, und wird zu einer Art Asche.

---

[1] Siehe Jakob Lorber: Die Erde, Kapitel 79, Vers 10–11.

21. Das Glück ist bei dieser Pflanze noch das, dass sie nicht über ½ Jahr vegetiert, sondern mit dem Winter alsobald wieder verdirbt, und somit unschädlich wird.

22. Und da wir nun die Pflanzenwelt ein wenig angeschaut haben, so wollen wir noch einen kurzen Blick auf die Tiere werfen.

23. Zuerst seht, wie die Luft wimmelt von großen weißen Adlern, die an Kraft und Behändigkeit alles in ihrer Art weit übertreffen; ihre Raubgier ist besonders zur Winterszeit so groß, dass sie mehr im Innern des Landes die Menschen gleich fliegenden Wölfen anfallen.

24. Nebst ihnen gibt's noch eine andere Gattung bösartiger Vögel, welche fast das Aussehen von einem Strauß haben; sie haben statt der Federn Haare, und haben einige gar keine Flügel, andere aber haben Flügel gleich einer Fledermaus.

25. Diese Vögel haben oft über klafterlange Beine, und können mittels denen so schnell laufen, dass es ihnen ein Leichtes ist, in einer Stunde zehn Meilen zurückzulegen. Wenn sie ihre Beute erreicht haben, so schlagen sie diese mit einem Bein nieder, und machen sich dann über ihre bereitete Mahlzeit. Anderer Heere von kleineren und unschädlicheren Vögeln nicht zu gedenken.

26. Unter andern ist noch zu bemerken ein vierfüßiges, mit einem starken Schnabel versehenes Säugetier; Vogelwolf wäre sein richtigster Name. Dieses Tier ist in seiner Art grausamer denn jeder Tiger.

27. Was aber den Boden und die Sümpfe betrifft, so ist dieses ein wahres Vaterland von Schlangen, aller Arten Eidechsen, darunter sehr viele Gattungen mit Flügeln versehen sind, welche freilich nicht alle giftiger Art, aber doch mehr oder weniger schädlich sind.

28. Im Innern kommt häufig eine große Art Fledermäuse vor, die sehr giftig sind, und haben noch ärger denn die Klapperschlange eine betäubende Wirkung in ihrem Blick, so dass jemand, den eine solche

Fledermaus ins Auge gefasst hat, sobald wie von einem starken Getränk betäubt zur Erde fällt, und wenn ihm niemand zu Hilfe kommt und die hinzu flatternde Fledermaus erlegt, ihm diese sobald den letzten Blutstropfen aussaugt und dann gesättigt hell pfeifend davonfliegt.

29. Was das Klima aber anbelangt, so ist dieses ein wahres Chamäleon; denn außer einigen östlichen und nördlichen Gegenden ist dasselbe so veränderlich, dass in manchen Gegenden jemand an einem Tag alle fünf Zonen zu kosten bekommt.

30. Warum alles dieses hier so sonderbar gestaltet ist, wird euch zu seiner Zeit schon bekannt gegeben werden; aber so viel könnt ihr euch im Voraus merken, dass Ich mit gewissen Ländern der Erde ganz andere Zwecke verbunden habe, als dass sie von der schändlichen Habsucht der Menschen sollten vor der Zeit genotzüchtigt werden.

31. So aber die Menschen in ihrer Tollheit vor der Zeit dringen in Länder, die noch nicht reif geworden sind, so geschieht es ihnen ja recht, wenn es ihnen ergeht wie verwahrlosten Kindern, die da unreifes Obst und giftige Beeren verzehren.

32. Jedoch, wie schon gesagt, bei einer nächsten Gelegenheit wird euch davon mehreres kundgegeben werden. Und nun seht, während der Zeit wir uns so in diesem Land herumgetummelt haben, hat das euch schon bekannte Schiff in dem Hafen von Botany Bay seine Anker geworfen, und nun seht, da ist es schon! Denn, wenn man alles in einem Bild vor sich hat, braucht man keine lange Reise, um am bestimmten Ort zu sein.

33. Nun seht nur recht genau! Ich spreche wieder das Epheta, und seht, das Schiff ist schon wieder bis zum Grund durchsichtig geworden. Vor allem andern seht unsere holde Gleichsamgemahlin recht genau an! Seht, wie schwach sie ist, dass sie sich kaum von ihrem Sitz zu erheben vermag. Nun geht ein wenig in das Kabinett des Kapitäns.

34. Seht, wie da schon drei Kolonisten mit demselben die Listen durchmustern, und zwar in Gegenwart des dortigen Gouverneurs. Nun seht, zwanzig sind durchgestrichen, darunter auch unser Alter sich befindet, aber unsere Holde ist nicht ausgestrichen.

35. Seht, nun werden sie, nämlich die Listen, von dem Gouverneur und den Kolonisten unterschrieben und bestätigt, und die Gefangenwärter verfügen sich nun hinab, machen die Gefesselten frei, nachdem sie ihnen die Hände an den Rücken zusammenbinden, und treiben sie so gestaltet hinauf auf das Verdeck des Schiffes.

36. Nun seht, diese Gefangenenwärter treten nun auch in das Gemach unserer Schönen, verkünden ihr ihr Los, berauben sie der Kleider, und binden der darüber in verzweifelnde Ohnmacht Gesunkenen ebenfalls die Hände auf den Rücken und schleppen sie zu den andern hinauf aufs Verdeck.

37. Seht, wie sie hier vor ihrem vermeintlichen Gemahl niederfällt, und denselben bittet mit aller Macht und Kraft, die einem weiblichen Herzen nur möglich ist, und ihm alles Mögliche vorstellt, wie unschuldig sie auf diesen Schreckensort verurteilt wurde, und wie schändlich er ihr Unglück benützt hatte, sie, die so rein wie die Sonne war, zu benützen ärger denn eine englische Matrosen-Bordellshure.

38. Seht hin, und nehmt euch ein Beispiel von einem Menschen, der sich zur christlichen Religion bekennt!! — Seht, wie er großherrlich dem Gefangenenwärter befiehlt, der schreienden Bestie den Mund zu stopfen, und sie, so sie nicht wie die andern ganz ruhig sich verhalte, alsogleich mit dreißig Peitschenhieben zu belegen. Allein alles dieses schreckt sie nicht ab, wenn ihr auch der Mund verstopft ist, durch allerlei Gebärden und Ströme von Tränen aus den Augen den Unmenschen zu bewegen, sie doch wenigstens zu töten, wenn sein Herz keines anderen Mitleids mehr fähig sein sollte.

39. Allein seht her, die Wirkung ihrer Bitte! Seht, wie sie zwei Schergen an den kleineren Mast mit einem Strick anbinden über die Brust und über die Füße, und seht, wie schändlich grausam die arme Unglückliche von dem Gefangenenzüchtiger ungezählt gepeitscht wird.

40. Nun seht, nachdem ihre Füße ganz von oben bis unten mit der scharfen Peitsche zerhauen sind, wird sie losgelöst und alsogleich mit den andern Verbrechern auf Stricken über Bord in kleinere Fahrzeuge gelassen, und also blutend ans unglückliche Land gebracht und sogleich zur Verfügung dem betreffenden Kolonisten vom Gouverneur zugeteilt.

41. Meint ihr, dass man sie alldort in irgendein Spital gebracht hat? Da irrt ihr euch! Das Pflaster auf solche Wunden besteht in nichts anderem, als dass eine solche eine halbe Stunde lang sich ins Meer, wo es sehr seicht ist, setzen darf. Das ist die berühmte Heilart dort zu Lande. Es hilft zwar; aber denkt euch den brennenden Schmerz, besonders bei einem so reizbaren Mädchen!

42. Nun, hier sind wir fertig. Wir wollen nur noch einen kleinen Blick machen, was mit diesen Unglücklichen nun ferner geschieht. Seht, da mehr im Innern, ungefähr nach eurer Rechnung hundert Meilen von der Küste, da seht, wie diese Armen mit ihren Werkzeugen unter der Leitung mehrerer Aufseher mit allen den euch von der Beschreibung dieses Landes ein wenig bekannten Übeln kämpfen müssen; wie sie gleichsam zwischen zwei Feuern stehen.

43. Da heißt es wahrlich nach eurem Sprichwort: Vogel, friss oder stirb! Was macht sich da ein solcher Hauptkolonist daraus, ob zwanzig oder dreißig seiner meistens noch mit Fesseln belegten Untergebenen von Schlangen verzehrt werden, oder ob sie oft in dem klafterhohen Gras in plötzlich durchbrechende Sümpfe versinken, oder ob einer oder der andere von den bekannten Adlern angefallen und zerfleischt wird;

oder wenn zur Ausrottung einer irgendwo aufkeimenden euch bekannten Giftpflanze noch mehrere zu Grunde gehen.

44. Seht, aus allem dem macht sich ein solcher Kolonist wenig oder gar nichts; denn für sein Haus ist er hinreichend versorgt, auch ohne solche neu hinzugekommenen Arbeiter.

45. Wenn er allenfalls durch solche neuen Vordrangsversuche dem Land wieder einen bedeutenden Teil abgewinnen kann, so ist es ihm recht; wenn aber solches durch all die grausamen Versuche fehlschlägt, so macht er sich auch nichts daraus; denn er ist, wie er selbst sagt, ohnehin versorgt.

46. Ihr werdet vielleicht meinen, dass, so diese Verbrecher ein neues Stück Land urbar gemacht haben, dasselbe werde dann vielleicht einem oder dem andern zum zinsbaren Eigentum eingeräumt.

47. O nein, sage Ich; ein solcher Kolonist benützt das Land zu ganz andern Zwecken. Er lässt wohl hie und da Arbeitshütten errichten; aber was immer der Boden trägt, gehört von A bis Z sein.

48. Die Arbeiter haben nichts als die elendeste, kaum genießbare Kost, und wenn sie manchmal nicht völlig verhungern wollen, fangen sie Schlangen und Eidechsen zusammen, schlagen ihnen die Köpfe weg, und braten sie am Strohfeuer und verzehren dieses Fleisch mit dem größten Appetit; denn da heißt es wahrlich auch wieder nach eurem Sprichwort: Der Hunger ist der beste Koch.

49. Ja, dieser Hunger geht oft bei einigen so weit, dass sie sich nicht einmal die Zeit nehmen, eine solche Schlange zu braten, sondern, wenn der Kopf, Haut und Eingeweide abgenommen sind, so wird sie alsobald verzehrt.

50. Eine neue Plage für diese Armen ist noch das, dass sie besonders im nördlichen Teil auf Ureinwohner stoßen, welche gute Bogenschützen

sind, und mit vergifteten Pfeilen sie zurücktreiben, oder sie nehmen solche gefangen und verzehren sie roh.

51. Seht, solche Annehmlichkeiten ohne Zahl und Maß haben diese Armen hier zu erleiden; und die Züchtigungen, die sie noch obendrauf von ihren Befehlshabern und Vorstehern empfangen, welche noch weit unmenschlicher sind als wie bei den Nordamerikanern, können hier im Vergleich mit den Landplagen in kein Verhältnis gestellt werden.

52. Und seht, so ist auch unsere Arme schon auch hier bei einer grasabschneiderischen Arbeit. Bei euch ist das Grasmähen freilich eine belustigende Arbeit; aber dahier haben die Arbeiter mit förmlichen Grasurwäldern zu tun, innerhalb deren undurchdringlichen Dickichten besonders zur Sommerszeit eine Unzahl von gewaltig stechenden Insekten hausen, welche dann über diese nackten Arbeiter dergestalt herfallen, dass nach einigen Tagen nichts mehr zurückbleibt als zusammenhängende Gerippe.

53. Geschieht diese Kultivierung aber im Winter, und zwar durchs Feuer, so geschieht es nicht selten, dass das Feuer oft so gewaltig wird, dass sich die Flammen auf dem Boden oft stundenweit durch das dürre Gras hinwälzen; und wenn die armen Brandleger nicht schnell genug ihre Flucht ergreifen, so werden sie entweder ganz verbrannt, oder doch oft am ganzen Leib stark feuerverwundet.

54. Das Ärgste aber ist das, wenn irgend das Feuer erstickte, so müssen dann die armen Brandleger oft stundenlang über solche oft noch glühheiße Asche laufen, um daselbst, wo das Feuer erstickte, dasselbe wieder neu anzufachen.

55. Es ist ihnen zwar wohl gestattet, eine gewisse Art Brettchen an die Fußsohlen anzubinden; aber oft verbrannten diese Brettchen schon im halben Lauf, und dann ist es einerlei, ihre Fußsohlen werden ihnen dessen ungeachtet noch gar oft bis zum Bein verbrannt.

56. Anderer noch unzähliger Leiden und Krankheiten, die in diesem Land heimisch sind, nicht zu gedenken! Von der Westküste brauche Ich euch nichts mehr zu sagen als das Einzige, dass es dort noch zehnmal unmenschlicher zugeht als im Osten, aus welchem Grund die Kolonisierung daselbst sehr schlechte Fortschritte macht.

57. Seht, von allem diesem ist nichts als die schändliche Habsucht der „moralischen" und sogar „christlichen" Menschen die Schuld.

58. Dass Ich nun solchen Gräueln nicht lange mehr zuzusehen vermag, werdet ihr ohne großes Nachdenken leicht begreifen; denn wahrlich, die Menschen türmen ihre Sünden bereits bis in den dritten Himmel.

59. Mehr brauche Ich euch nicht zu sagen. Und somit Amen für heute; die achte Stunde wird euch noch Größeres und Merkwürdigeres verkündigen!

Achte Stunde

Das Äußere

Pazifische Inseln. Ausbeutung und Misshandlung der gutmütigen Inselbewohner.

1. Nachdem wir das Festland Australien über- und durchblickt haben, so wollen wir nun noch den bedeutenderen Inseln einen kurzen
Besuch abstatten, um auch da zu sehen, wie es alldort zugeht.

2. Ich sagte nur die bedeutenderen Inselstaaten; denn es gibt noch
eine Menge von unzähligen kleinen Inseln im Weltmeer, welche aber
samt und sämtlich entweder von den Festlanden, oder aber auch von
den größeren Inselstaaten aus beherrscht werden.

3. Denn wahrlich, ihr dürftet nicht viel über tausend kleine Inselchen in dem Weltmeer ausfindig machen, welche nicht von der euch
bekannten europäischen Hauptdespotie wären benagt und beschnüffelt
worden.

4. Und diese haupt-weltstöberische Nation hat nur jene Inselchen
mehr oder weniger ungeschoren gelassen, wo sie sich nach der allerge-
nauesten Überzeugung (Durchforschung, d. Ed.) überzeugt hat, dass es
alldort für ihr Rattengebiss nichts zu nagen gibt.

5. Seht nur her auf die Tafel; Ich will euch die ganze Erde von Pol zu
Pol vor euren Augen ausbreiten, und es soll kein Punkt verschwiegen
werden.

6. Seht her! Die große Strecke zwischen Asien, Australien und Amerika; seht die Menge der Inselchen, wie sie über den großen Wasserspiegel gleich den Sternen am Firmament hervorblicken! Damit ihr euch
aber von der kaufmännischen Habsucht dieser weltstöberischen Nation

einen Begriff machen könnt, so will Ich auch die Namen schriftlich zu einer jeden Insel hinzusetzen, wie sie gesetzt wurden von den habsüchtigen Entdeckern.

7. Nun, jetzt lest! Seht alle auch noch so unwirtbaren, entlegensten Schlupfwinkel der Erde! Seht nur auf die Schrift, und ihr werdet euch gleich überzeugen, für welche Nation der Erde alle Klimate zugänglich sind. Denn diese Menschen machen sich nichts daraus, ob ihnen unter dem Äquator die Segel vor Hitze brennend werden, oder ob sie auf der anderen Seite den dreivierten Teil des Jahres zwischen Eisbergen einfrieren, und ihre Schiffe oft viele Klafter unter dem Schnee begraben liegen.

8. Kurz und gut, ihr werdet wenig andere Namen finden als die dieser Weltwechsler. Daher wollen wir uns noch zu den bedeutenden Inselstaaten machen, um da das Tun und Treiben dieser Nation in Augenschein zu nehmen.

9. Seht daher über den östlichen Teil nördlich eine bedeutend große Insel unter dem Namen Neu-Guinea. Diese Insel wird ebenfalls zu Australien gerechnet. Sie hat auch nur wenige Berge, und ist der Entstehung nach jünger noch als Australien; denn Australien ist erst kaum etwas über 3 000 Jahre alt; die Insel Guinea aber ist nahe 700 Jahre jünger denn Australien.

10. Dieses Land wurde jedoch von einigen asiatischen Völkern um Vieles früher entdeckt denn Australien; und so haben es die Engländer und auch Holländer schon bei weitem kultivierter gefunden denn später das Festland Australien selbst. Was war nun natürlicher, als dass durch den Kanonendonner dieser weltsüchtigen Nation ein solcher Fund ohne Weiteres in den vollen Besitz genommen wurde?

11. Hier werden freilich keine Deportierten abgesetzt; aber die armen Einwohner dieser Insel sind selbst beinahe um kein Haar besser daran als die Sklaven in Nordamerika.

12. Diese Menschen werden zwar einigermaßen kultiviert; aber nicht etwa darum, dass sie gebildet würden ihrer selbst willen in der sogenannten christlichen Religion, oder in andern Wissenschaften, sondern nur aus der Ursache werden sie gebildet, aus welcher Ursache bei euch die Pferdewildlinge abgerichtet werden, d. h., um geschickter und tauglicher zu werden, englische Lasten zu tragen, für sie zu arbeiten und zu kämpfen, und wenn die Herren prassen, diesen hernach ebenfalls ein Lohn zum Teil wird, der nicht besser, sondern oft schlechter ist als der, den bei euch das Zugvieh nach getaner Arbeit erhält.

13. Denn diese Hauptweltmäkler wollen durchaus nicht das Brot im Angesichte ihres Schweißes essen, sondern sie stellen sich mit müßigen Händen an allen Enden der Erde auf, reißen ihr Maul weit auseinander und lassen sich von den ungerecht unterjochten Völkern, wie ihr zu sagen pflegt, die gebratenen Vögel ins Maul jagen.

14. Nun seht nur hierher in die Mitte der Tafel; da ist die Insel ganz ausgebreitet. Seht die Arbeiter an, wie sie beinahe ganz nackt unter den glühenden Strahlen der Sonne die schwersten Arbeiten verrichten müssen.

15. Seht, da steigen viele auf den Bäumen herum, und müssen von selben eine Art Wolle sammeln, die allda viel schöner und feiner ist denn eine ähnliche in Ostindien; wieder seht hier andere, die sich mit dem Anbau des Zuckerrohres beinahe Tag und Nacht beschäftigen. Seht hier wieder andere, die da in den Tiefen der Erde nach Gold und allerlei Edelsteinen wühlen müssen.

16. Seht hier wieder andere, die gleich Lasttieren ihre müßigen Herren in Sänften herumtragen müssen; und seht hier wieder andere,

welche beim Bau von Befestigungswerken und großen Magazinen verwendet und um den schlechtesten Sold oft jämmerlich misshandelt werden.

17. Es wären noch eine Menge elender Situationen zu betrachten; allein wenn ihr dieses Wenige nur in den rechten Augenschein nehmt, so mag es euch genügen, wenn ihr noch das hinzusetzt, dass diese weltsüchtige Nation fast mit allen den eroberten Inselstaaten auf eine solche politische Weise zu Werke geht, wie es einst die Römer in Hinsicht auf das Fremdgöttertum gemacht haben.

18. Denn wenn sie sich überzeugen, dass irgend ein heidnisches Volk auf einer Insel gutmütiger Art ist, da wird vom Christentum nicht viel Erwähnung gemacht, sondern sie lassen sich dafür unterrichten in dieser heidnischen Religionsform; und wenn sie nun dadurch zur Einsicht gekommen sind, dass eine solche armselige Religion für ihren großen Weltbeutel besser taugt denn die christliche, so sagen sie, gleich Meinem lieben Paulus: Wir wollen alles mit allen sein, um von allen etwas zu gewinnen; freilich nicht wie Paulus, der allen alles sein wollte, um sie für Mich zu gewinnen, sondern wie schon gesagt, mit allen alles.

19. Nur wenn irgendeine heidnische Religion sehr eigennützige Grundsätze hat, da wird freilich die christliche Religion mit dem schwersten Kanonenkaliber gepredigt; und hat diese heidnische Nation die christliche Religion angenommen, so versteht sich dann schon von selbst, welcher alles umfassende Lohn — den Heilsverkündigern gebührt.

20. Und so seht her denn wieder auf die Tafel. Seht, wieder eine andere Insel. Sie wird Neu-Britannien genannt, und da seht etwas weiter herauf noch eine Insel, man nennt sie Neu-Irland. Ich meine, da werdet ihr nicht lange herumfragen dürfen, wer die Herren dieser bedeutenden zwei Inseln sind.

21. Seht, da unten besser, wieder eine bedeutende Insel, umgeben von mehreren kleineren Inseln: Neu-Kaledonien. Braucht nicht zu fragen, wer die Herren dieser bedeutenden Ländereien sind, und wie es dort zugeht; seht nur teilweise nach Nordamerika, Australien und Neu-Guinea.

22. Nun seht da herab südlich im östlichen Teil von Australien eine bedeutende, aber sehr magere und schwer zugängliche Insel: Van-Diemens-Insel (Tasmanien, d. Ed.) genannt. Seht, da sieht's ziemlich mager aus; daher wird auch sogar den Holländern gestattet, dass diese Insel, wenn auch sonst nichts, so doch einen holländischen Namen trägt.

23. Trotz dieses holländischen Namens haben aber doch auch die Engländer sich den allerbesten Landungsplatz ausersehen. Nur der westliche Teil steht den Niederländern zollfrei offen.

24. Was aber den bedeutenden Fischfang im Osten anbelangt, so wissen da die Engländer recht wohl ihre Netze ins Meer zu tauchen.

25. Nun verlassen wir diese Insel, und wenden uns ziemlich südlich herab; da seht zwei sehr bedeutende Inseln nebeneinander, welche nur durch die sogenannte Koksstraße getrennt sind.

26. Es ist Neu-Seeland; und seht noch ein wenig südlicher, eine nicht unbedeutende Insel unter dem Namen Cornwallis. Seht, diesen Inseln haben die Engländer gegen einen bedeutenden Getreidetribut eine freie Souveränität gelassen. Das heißt, die Beherrscher dieser Inseln sind noch in ihrem Amt gelassen, und zwar aus verschiedenen Gründen.

27. Der Hauptgrund ist dieser, weil den Engländern auf diese Weise die Regierung dieser äußerst weit entlegenen Länder nichts kostet, und weil sie ihnen vermöge ihrer äußerst gastfreundlichen Gesinnung, wie schon früher erwähnt wurde, sehr zusagt, aus welchem Grund das Christentum hier auch sehr magere Fortschritte macht.

28. Der zweite Grund, warum diese weltsüchtige Nation gegen diese Länder noch keine stärker donnernden Expeditionen unternommen hat, sind die damit verbundenen zu großen Unkosten.

29. Der dritte Grund ist dieser, weil dieses Land großen Schiffen vermöge der häufigen Stürme und der vielen Klippen und Sandbänke nicht leicht zugänglich ist.

30. Und so gäbe es noch verschiedene andere eigennützige Gründe, warum diese entfernten, aber doch sehr fruchtbaren Seeländer noch nicht vollends in die despotischen Klauen dieser weltberühmten Nation gekommen sind.

31. Aber nun seht, da fahren eben einige englische Schiffe, welche da sind ein Mittelding zwischen Kauffahrtei- und Kriegsschiffen, wie ihr seht, gerade nach diesen Ländern; denn jetzt ist alldort schon das Getreide und andere brauchbare Früchte eingebracht. Denn ihr werdet wohl wissen, dass euer Frühling alldort der Herbst ist.

32. Seht, und so werden diese Schiffe gerade zur rechten Zeit dahin gelangen. Zählt sie einmal, wie viel ihrer sind? Seht eine ziemliche Karawane mit groß und klein gerechnet 170 an der Zahl; aber damit ihr ihr Tun und Treiben alldort in den Augenschein nehmen mögt, so will Ich im Geiste diese Schifffahrt beschleunigen.

33. Nun seht her; wir sind schon an Ort und Stelle. Seht, wie diese armen Völker, meistens noch echte Kainiten, vollbeladen mit Körben und von den Engländern eigens dazu hinterlassenen Säcken und Kisten an die Küste eilen, um den vermeintlichen Göttertribut abzustatten; denn diese Armen halten diese Weltsüchtigen für Wesen höherer Art, die zur Erde mittels solcher schönen schwimmenden Häuser von den Wolken gestiegen sind, auf dass sie nach ihrer Meinung am Ende ihrer Welt die Opfer empfingen, die ihnen gebührten.

34. Dass sie solche höhere Wesen sind, schließen sie daraus, weil sie von diesen Häusern ebenso gut blitzen und donnern, und gewaltige Donnerkeile werfen, wie aus den Wolken.

35. Da nun die Tributsnehmer mit solchen Volksschwächen vertraut sind, so geben sie ihre Ankunft auch durch den Kanonendonner zu erkennen, und wenn sie nach einem Aufenthalt von einigen Wochen alles in ihre Schiffe eingepackt haben, so wird dann als Bezahlung diesen armen Völkchen noch ein großartiges Kanonen- und Raketen-Spektakel gegeben und dieses Spektakel sagt dann den Einwohnern, dass die Götter hinreichendes Opfer bekommen haben.

36. Damit aber einen solchen Gratisfund auch nicht irgendeine andere Nation macht, so sind kleine Inseln, die diese großen Inseln umgeben, gar wohl mit englischen Forts versehen.

37. Und so sind dadurch diese drei großen Länder selbst als immerwährend gefangen; denn an den einigen Punkten, da diese Länder landungsfähig sind, haben die Engländer ihre Feuerschlünde kreuz und quer aufgepflanzt.

38. Wo aber das Land, wie schon gesagt, unzugänglich ist, da bedarf es auch keiner Wachen. Und so sind diese Welt- und Wassersüchtigen trotz der Souveränität dieser Länder als die Beherrscher von der Küste bis ins Innerste anzusehen.

39. Hier üben sie freilich keine Grausamkeit aus, d. h., sie schwingen nicht ihre Sklavenpeitsche und Höllenfackel über diese Armen; aber Ich sage: Eben hier ist der Ort, wo diese Menschen sich selbst zu den größten Scheusalen der Erde herabstempeln.

40. Denn so lange irgendein Mensch aus Habsucht und Geiz seine Mitmenschen tyrannisiert, so ist er wohl zu vergleichen [mit] einem Teufel, der ein barer Diener des Satans ist; denn mag die Tyrannei noch so arg sein, so ist doch wenigstens gewiss, dass der misshandelte Teil

wenigstens bis in den innersten Tropfen des Marks gedemütigt wird, und es wird ihm, wenn auch auf eine tyrannische Weise, doch wenigstens ein Begriff vom Christentum beigebracht, in Folge dessen solche Arme im Hinblicke auf Mein Kreuz ihr Elend erträglich und verdienstlich erdulden.

41. Aber wo aus schändlicher Habsucht ein Volk von allem höheren Licht gänzlich ab- und ausgeschlossen wird, und auf der andern Seite aber dessen ungeachtet lügenhafterweise aller Welt ausposaunt wird, welche segenvolle Fortschritte solche Nation macht, während sie im Geheimen in der schändlichsten Finsternis gelassen wird; höret, solche Kunststücke vermag kein Teufel auszuführen, sondern da muss ein Großmeister Hand ans Werk legen.

42. Seht, das ist und gehört zu den größten Gräueln der Erde! Wahrlich, so ein Tyrann tausend unschuldige Menschen durch ein ganzes Jahr hindurch mit den schauerlichsten Marterwerkzeugen möchte um das Leben bringen, dass seine Marterei eine wäre, wie sie keines Menschen Zunge auszusprechen vermöchte, so möchte Ich ihm eher Gnade erzeigen, als solchen Scheusalen aus dem Arschloch des Höllenfürsten.

43. Ihr seht diese unaussprechliche Grausamkeit freilich wohl nicht gar so ein, als wenn ihr sehen würdet, wie auf einer andern Insel die Menschen bei den Füßen an einen Baumast aufgehängt werden, so dass der Kopf zur Erde hinab reicht, allda sie dann von einer eigenen Art kleiner grüner Ameisen verzehrt werden, und oft am sechsten oder siebten Tag unter den unaussprechlichsten Schmerzen ihr Leben aushauchen, und dann erst so lange hängen bleiben, bis der letzte Marktropfen aus ihren Gebeinen von den besagten Ameisen verzehrt worden ist.

44. Ja, Ich sage, euch würden die Haare an der Stelle schneeweiß zu Berge steigen, wenn ihr auf einem andern Ort sehen würdet, wie die Menschen an große Schleifsteine gehalten bis auf die letzte Faser

zusammen geschliffen werden, ja, ihr würdet eure Augen unvermeidlich schließen, wenn ihr auf einer andern Insel Menschen mit geknebelten Armen und Füßen auf Baumästen an den Geschlechtsteilen würdet aufgehängt antreffen, und das weibliche Geschlecht aber, durch die Schamlippen einen Strick gezogen, hernach erst an den Füßen des männlichen Geschlechtes hängend.

45. Ich könnte euch dergleichen Grausamkeiten noch in einer Unzahl anführen; allein ihr würdet darinnen nichts erblicken als allerlei Kreuzigungen, durch welche den Menschen das irdische Leben genommen wird.

46. Aber seht, alle diese Grausamkeiten sind kaum als ein Tautropfen gegen das Weltmeer zu betrachten, was eigentlich eine solche geistige Misshandlung der armen Menschheit ist; denn mag jemand vom Leib ein Glied nach dem andern trennen, so wird der Leib eine solche Marter nur bis auf einen gewissen Grad aushalten.

47. Ist es der Seele einmal zu bunt geworden, dann löst sie sich alsobald von ihrer Hülle in Vereinigung mit dem Geist ab, und da mag hernach der Tyrann den Leib zwicken, geißeln, brennen, schleifen, und kurz, was für Grausames ihm noch beliebt mit denselben vornehmen, so ist das nicht viel anders, als so jemand von euch seinem ausgezogenen Rock solches antun möchte; denn der Leib ist nur so lange schmerzfähig, als die Seele in selbem haftet.

48. Hat sich diese empfohlen, wenn es ihr zu bunt geworden ist, so hat auch, wie schon gesagt, aller Schmerz aufgehört.

49. Allein eine solche Misshandlung der Seele und des Geistes, eine solche gewinnsüchtige Anlegung der Sklavenketten dem unsterblichen Geist, das ist mehr, ja, Ich sage, unendlichmal mehr als alle körperlichen Grausamkeiten, die auf der ganzen Erde verübt werden. Denn meint ihr,

es sei ein Leichtes, solche Sklaven-Geister in ihrer Freiheit hernach zu bekehren?

50. O seht, der menschliche Geist ist ein freier Geist; wenn er aber einmal eine Richtung genommen hat, wer vermag sie zu ändern, um den Geist nicht zu vernichten?

51. Und denkt euch, wie es um das Herz des Vaters sein kann, wenn Er gleich einem sorgsamen Hauswirt untätig zusehen muss, wie Ihm der Hagel Seine Früchte vernichtet.

52. Daher sage Ich: Wehe euch Tyrannen, ihr werdet mit euren Brüdern, den Teufeln, ihr Los teilen; aber unendlichmal wehe euch, die ihr Macht in den Händen habt, allen Völkern der Erde ein wahres Licht zu bringen, und ihr tut es nicht, sondern schleudert dieselben aus schnöder Habsucht und Weltgier noch in größere Labyrinthe der Finsternis, als sie zuvor in ihrer Unschuld gelegen sind.

53. Ja, Ich sage noch einmal: Unendlichmal wehe euch, wenn der zahlende Tag für euch kommen wird; wahrlich, ihr werdet empfangen, was Meine Gottheit in Ihrer allerinnersten Tiefe Ihres Zornfeuers zu erfinden und zu erdenken vermag! — Mehr brauche Ich nicht zu sagen.

54. Denn einen Menschen um seinen Gott zu bringen, ist der Gräuel höchster; mehr brauche Ich euch nicht zu sagen.

55. Mein Wort zu den niedrigsten, habsüchtigen und geizigen Zwecken zu gebrauchen, ist ebenso wie alles Vorhergehende der Gräuel höchster; mehr brauche Ich euch durchaus nicht zu sagen!

56. So auch, was die anderen Inselstaaten bis auf Japan, darüber die neunte Stunde handeln wird, betrifft, so ist bis auf eine Insel in der Mitte des Weltmeeres unter dem Namen Otaheity (Tahiti, d. Ed.) beinahe dasselbe wie bei den früheren Inseln der Fall.

57. Mit dieser Insel geht es auch beinahe wie mit Neuseeland; nur dass man hier auf einigen Punkten derselben fürs Erste europäische

Waffenübungen eingeführt hat, und hie und da auch das Christentum; denn diese Insel, so klein sie auch gegen die andern ist, so versieht sie aber jetzt beinahe die sämtlichen englischen Inselstaaten mit Schwefel und bestem Salnitersalz, aus welcher Ursache dort auch sehr bedeutende Pulverfabriken angelegt sind; denn der Boden dieser Insel ist beinahe pur Schwefel, aus welchem Grund sich alldort auch einer der größten Feuerspeier befindet, dessen Krater mehrere Stunden im Umfang hat, und stets voll glühender Lava ist.

58. Und somit genüge es euch für die heutige achte Stunde; denn vermöge der kleinen Einleitung, die Ich euch in dieser Stunde sowohl körperlich als geistig gegeben habe, wird euch die nächstfolgende neunte Stunde anschaulichere Aufschlüsse verschaffen. Amen.

Neunte Stunde

Das Innere

Japan. Abkapselung und Zustand des Staates.
Menschenopfer. Christenverfolgung. Nachtrag.

1. Nachdem wir den Süden der Erde durchwandert haben, und da die Verhältnisse durchschaut, wohlgemerkt, mehr dem Innwendigen denn dem Äußern nach, so wollen wir nun wieder zur nördlichen Erdhälfte zurückkehren, und, wie schon vorläufig erwähnt, dem Inselstaat Japan einen kurzen Besuch abstatten.

2. Doch, wie schon bekannt, werden wir keine Jahre und Monate brauchen, um dahin zu gelangen, sondern seht nur her auf die euch schon wohlbekannte Tafel, der ganze heidnische Inselstaat liegt schon ausgebreitet vor euren Augen.

3. Betrachtet nur einmal die Küsten; seht, wie schaurig sie von ihren hohen Klippenzinnen hinab in die sturmbewegte See starren. Seht ringsum, und ihr werdet wenig Punkte antreffen, die mit der Fläche des Meeres in gleicher Ebene lägen.

4. Seht, hier im Süden ist ein einziger Punkt, der landungsfähig ist, zu dem auch vermöge der innern Verfassung einige fremde Nationen ihre Schiffe steuern können.

5. Was die andern wenigen Landungspunkte für Inländer betrifft, so sind diese fürs Erste weniger oder oft gar nicht zugänglich, und fürs Zweite ist es von der dortigen sogenannten allerstrengsten und allergerechtesten Regierung auch aus folgenden Gründen nicht gestattet, dass

Ausländer irgend anderswo landen dürfen denn auf dem bestimmten Landungsplatz.

6. Damit fürs Erste diese Orte von den ausgearteten Menschen nicht entheiligt werden möchten, und fürs Zweite, da die Fremdlinge der großen Gefahren dieser anderen kleinen Landungspunkte nicht bewusst sind, und daher unvermeidlichen Schaden und Untergang finden würden.

7. Der dritte Grund aber ist der, weil sich eben dieser Regent im alleinigen Besitz aller Künste, Gewerbe und Geheimnisse wähnt, so ist er in der beständigen geizigen Furcht, dass, wenn solches den Fremdlingen bekannt werden möchte, es mit seinem Wohlstand geschehen wäre; daher hat er auch nur einen einzigen Landungspunkt bestimmt, allda solche nach seiner Meinung außerordentliche Produkte aus besonderem gerechten Mitleiden verhandelt werden.

8. Denn er ist fest der Meinung, wie auch seine ganze Nation, dass er allein sich im Mittelpunkt der Welt befindet, und dass alle Fremdlinge von der ganzen Welt zu ihm kommen müssen, um von seinen außerordentlichen Landesprodukten zu kaufen, dadurch zu einem Besitz zu kommen, und aus diesem Besitz sich einen Begriff machen zu können, zu welcher Vollkommenheit das Zentralfürstentum der Welt gediehen ist; ja, er ist wirklich der Meinung, dass die Menschen auf den übrigen Punkten der Erde gar nicht die Fähigkeit besitzen, nur zu ahnen, wie ein gar simples Binskörbchen verfertigt wird.

9. Wenn er auch Kunde erhält, dass die Schiffe der Fremden außerordentlich künstlich gebaut wären, so werden auf eine solche Nachricht die Berichterstatter allzeit gewaltig geprügelt, da ein solcher Bericht als eine offenbare Majestätsbeleidigung angesehen wird. Und wenn er dann einen oder zwei Kommissäre dahin beordert, um sich heimlich zu überzeugen, ob die Sache sich wirklich so verhält,

10. und kommen diese dann mit der Nachricht zurück und bestätigen den Bericht, so wird eine solche Bestätigung als ein förmlicher Landesverrat angesehen; denn es spricht dieser Monarch: Wenn solches nicht durch irgendeinen meiner Untertanen an die Fremden wäre verraten worden, wie wäre es sonst möglich, dass diese dummen Fremden in den geheimnisvollen wissenschaftlichen Besitz gekommen wären, sich Häuser aus dem Holz zu erbauen, die sie über die Fluten des Meeres zu tragen vermöchten; denn solches verstehen nur wir, das auserwählte Volk der Mitte der Erde!

11. Und sogleich werden dann von der Haupt- und Residenzstadt abgeordnete Untersuchungs-Kommissäre in alle drei Länder beordert, die Küstenvölker in aller Strenge zu untersuchen, von wo aus ein solcher Verrat gegangen ist.

12. Und wenn die Kommissäre nichts gefunden haben, so werden sie bei ihrer Rückkunft ebenfalls tüchtig durchgeprügelt, und auf drei Jahre ihres Dienstes entlassen, binnen welcher Zeit sie dann wieder über Hals und Kopf studieren müssen, und zwar unter den allerrigorosesten Professoren von der Welt.

13. Nach beendeter Studienzeit erfolgt dann eine außerordentlich strenge Prüfung. Wer die Prüfung besteht, wird wiedereingestellt, wer sie aber nicht besteht, der wird abermals geprügelt, und muss die Studien wieder von vorne anfangen.

14. Während der Zeit aber solche Kommissarien wieder ihre Strafstudien durchmachen müssen, werden sogleich Stellvertreter allergnädigst ernannt.

15. Diese Ernennung geschieht auf folgende Weise: Es werden nämlich neun sogenannte Praktikanten von seiner gerechtesten und allergestrengsten Majestät vorgerufen, und von derselben mündlich geprüft.

16. Diese Prüfung besteht darin, dass sie fürs Erste alle Fabrikationen des Landes aufzählen müssen, und wie diese bereitet werden. Dann müssen sie alle Berge, alle Flüsse, alle Täler und Ebenen, alle Tiere, seien es zahme oder wilde, alle Bäume, Pflanzen und Kräuter buchstäblich benennen und aufzählen. Ferner müssen sie die Namen von allen Untertanen genau angeben, und wo jeder sich befindet, und was er besitzt.

17. Und schließlich müssen sie noch den ganzen Namen des Kaisers aussagen, was eigentlich das Allerschwerste für die Praktikanten ist. Denn dieser Name ist so lang, dass ihr denselben nach einer mittelmäßig großen Schrift auf einen wenigstens eine Meile langen Papierstreifen mit einer Zeile kaum aufschreiben würdet, und enthält alles, als da ist die eingebildete unendlich lange Stammlinie, dann alle Dinge und Gewerbe des Landes, und so auch die Namen von allen seinen Untertanen.

18. Wenn ihr nun das bedenkt, so werdet ihr wohl einsehen, welche Anstrengung des Gedächtnisses dazu erfordert wird, um sich diesen Namen, wie ihr zu sagen pflegt, auswendig zu merken. Ihr werdet nun fragen, wozu ein so langer Name?

19. Dieses kann euch sehr leicht begreiflich erörtert werden, weil er, der Monarch nämlich, darinnen seine ganze Herrlichkeit, Geschichte und Besitztum aufgezeichnet hat.

20. Es haben zwar auch andere Personen im Land sehr lange Namen; aber länger darf bei Strafe des Todes keiner sein als der des Monarchen.

21. Daher wird auch in dieser Hinsicht sehr viel Studium auf den Namen des Monarchen gesetzt, damit sie ihre eigenen Namen mit dem Namen des Monarchen der Länge nach vergleichen können.

22. Und wenn da jemand wegen ebenfalls sehr alter Herkunft findet, dass sein Name noch länger ist als der des Monarchen, so nimmt er das Namensprotokoll, und trägt es heulend mit zerrissenem Gewand hin

vor den Monarchen, und bittet um die Strafe und um die gänzliche Vernichtung seines Namens.

23. Und wenn der Monarch den Namen mit einem Zirkel ausgemessen und gefunden hat, dass er wirklich noch um zwei Klaftern länger ist, so werden sechs Klaftern von dem Namen abgestochen und verbrannt. Dem Bittsteller wird dann allergnädigst die gehörige Anzahl Prügel verabfolgt, und sonach ihm erst der verkürzte Name überreicht.

24. Und nun gehen wir wieder auf unsere Praktikanten zurück. Haben drei oder vier die Prüfung bestanden, so wird ihnen sogleich auch nach eurer Sprache das Anstellungsdekret überreicht, und mit dieser Überreichung aber auch sogleich die Pflicht, sich als Kommissarien an Ort und Stelle zu begeben, um den früher besprochenen Landesverrat zu entdecken, auferlegt.

25. Diese aber sind dann gewöhnlich um ein Haar klüger als die früheren; sie verweilen bei dieser Untersuchung gewöhnlich 1, 2 bis 3 Jahre, und sinnen während dieser Zeit auf eine kluge Finte, um ihren Monarchen zu übertölpeln, und wenn sie da zurückkehren, bringen sie gewöhnlich mehrere bestochene Zeugen mit, welche dann aussagen, dass nach diesem schauerlichen Ereignis der Blitz noch dreimal in die Stelle einschlug, und dass darauf alle Anwesenden den großen Gott in der Sonne gepriesen haben, dass er ein so großes Zeichen zur Verherrlichung des großen Fürsten vor dessen Volk getan hat.

26. Jetzt werdet ihr vielleicht fragen, warum waren denn die ersten drei nicht so pfiffig als die Nachfolger?

27. Und ihr werdet euch wundern, wenn Ich euch sage, dass die ersten drei noch pfiffiger waren als ihre Nachfolger; denn sie werden nun alsogleich von ihren Studien befreit, und als vollkommen rechtliche, gestrenge und wohlwissenschaftliche Staatsmänner von dem Monarchen mit eigenem Mund anerkannt, und gelangen auf diese Art zur höchsten

Würde, vermöge welcher ihnen sogar gestattet wird, viermal im Jahr das Kleid des Monarchen anrühren zu dürfen, und sind dadurch von aller ferneren Prügelei exemt (befreit, d. Ed.). Denn wenn sie auch den Tatbestand nicht so erhoben haben wie ihre Nachfolger, so macht das nichts, sondern hier gibt einzig und allein die große Treue den Ausschlag.

28. Die Nachfolger aber kommen dann als wirklich angestellte Staatsbeamte auf die Stufe ihrer Vorgänger. Ihr müsst euch nicht etwa denken, das sei dort zu Lande etwas Unbedeutendes.

29. Ein Beamter, der viermal im Jahr das Kleid des Monarchen berühren darf, ist etwas so Außerordentliches im Land, dass, so er auf der Straße wandelt, oder in einer Sänfte getragen wird, alles Volk bei Strafe des Lebens auf das Angesicht vor ihm niederfallen muss; und ein Wort von ihm zu jemanden gesprochen ist etwas so Außerordentliches, dass der Betreffende oft drei Tage lang die Stelle nicht verlässt, wo ihm eine solche Gnade zuteil geworden ist.

30. Und ist das Wort ein ungünstiges gewesen, hat der Beamte dem Betreffenden etwa einen Verweis oder eine andere Unannehmlichkeit, als etwa einen Tiernamen oder eine sonstige unehrbare Sache, zugesprochen, so fängt der Betreffende augenblicklich an zu heulen und zu wehklagen, und bittet den hohen Beamten um eine gnädigste Strafverleihung, welche ihm auch ohne viel Umstände bewilligt wird.

31. Und sofort setzt er seine Bitte an den hohen Staatsmann, dass derselbe ihm die Strafe ja nicht zu glimpflich verhängen solle, sondern ihn nach seiner Strenge, Gerechtigkeit und Lust möchte vollprügeln lassen.

32. Wenn dann der Staatsbeamte solche Bitte in sein allergnädigst geneigtes Ohr vernommen hat, so befiehlt er alsogleich seiner sehr reichlichen Dienerschaft, den betreffenden Supplikanten an den Händen und Füßen zu erfassen, ihn von der Erde zu heben; und wenn dieser

sich hernach in der Mitte von acht Dienern in der Luft schwebend befindet, so kommt dann der Prügelmann mit der Bambusknute, und prügelt diesen Supplikanten so lange, bis der hohe Staatsbeamte ihm ein Zeichen gibt, dass mit diesem Streich seine Gnade zu Ende ist.

33. Sodann wird der Supplikant, halb zu Tode geprügelt, wieder auf die Erde niedergelegt, und seine Nachbarn kommen hinzu, und preisen um den Geprügelten die hohe Weisheit, Gerechtigkeit und Strenge des Beamten.

34. Ihr werdet vielleicht auch von dem Volk dafür dem Monarchen einen Preis darzubringen (zu sehen, d. Ed.) wünschen. Allein solches geht in diesem Land nicht, denn alldort steht der Monarch zu hoch, als dass er dürfte von dem gemeinen Volk gepriesen werden.

35. Solches und noch einiges dergleichen ist eigentlich der beste Teil dieser Verfassung; wenn wir solchen haben kennen gelernt, so ist es auch füglich, dass wir den schlimmen Teil ein wenig beleuchten.

36. In dieser Hinsicht geht es hier wahrlich wie nirgends anders in der Welt zu. Fürs Erste hat in diesem Land niemand ein Eigentum, sondern alles ist ein ausschließendes Eigentum des Monarchen.

37. Jedem Menschen oder vielmehr jeder Klasse ist genau vorgeschrieben, was er und wie viel er arbeiten muss.

38. Es ist ihm vorgeschrieben die Kost, wie auch die Kleidung; es ist ihm vorgeschrieben die Wohnung und der Bezirk, aus dem er sich außer einem besondern Staatsbefehle nie entfernen darf.

39. Ferner ist ihm vorgeschrieben, wie viel Weiber er haben und wie viel Kinder er mit seinen Weibern zeugen darf.

40. Es ist ihm vorgeschrieben, was er von dem Erzeugten beim letzten Tropfen des Gesetzes abzuliefern hat.

41. Den Bewohnern der Küste ist auf das Strengste vorgeschrieben, außer dem bestimmten Handelsplatz für Fremde nichts hintan zu geben.

Es ist ihnen vorgeschrieben, einen Fremden außer dem bestimmten Platz, unter was für immer einer Bedingung, nie das japanische Land betreten zu lassen.

42. Und so sind auch alle Handelsartikel genau vorgeschrieben, was da an Fremde darf hintan gegeben werden, und was die Fremden dafür bieten dürfen; und ist ihnen ferner noch auf das Strengste vorgeschrieben, dass von den Fremden nie mehr als einer in dem Ort als Dolmetsch verbleiben darf, welcher aber von dem Augenblick, da er als solcher angenommen wurde, sich nie mehr von der Küste entfernen darf.

43. Er muss seine Sprache noch obendrauf dreien japanesischen Kommissären beibringen, und darf aber dessen ungeachtet sich nie auch nur eine Stunde Weges in das Innere des Landes begeben.

44. Seht, das ist ungefähr der Auszug der japanischen Verfassung. Ich sage: ungefähr, weil dieses Land durchaus kein sogenanntes bestehendes Staatsgesetz hat, sondern das lebendige Staatsgesetz ist der jeweilige bestehende Fürst und seine obersten Staatsbeamten, und es liegt beinahe ganz in ihrer freien Willkür, für jeden vorkommenden Fall alsogleich ein neues Gesetz zu kreieren.

45. Denn ihr könnet euch wahrlich keinen Begriff machen, nach welchem kleinlichen Umstand alldort das Gesetz eine ganz andere Strafe über irgendein Verbrechen verhängt. Ich will euch nur ein einziges kleines Beispiel anführen. Es ist jemandem sein Bezirk ausgemessen angewiesen, außerhalb dessen er sich nicht bewegen darf.

46. Jemand hat sich die Grenze nicht genau gemerkt, und nur einen halben Fuß über den Faden gesetzt. Wenn solches sein Nachbar bemerkt, so meldet er es wieder seinem nächsten Nachbar, und dieser wieder seinem nächsten, bis es dann an die Wohnung des sogenannten Bezirkswächters gelangt.

47. Dieser begibt sich dann mit einem Zirkel sobald an Ort und Stelle, und bemisst genau den Übertritt. Ist der Übertritt etwas über den halben Fuß, so sind dafür sofort 100 Prügel als Strafe dem Übertreter zu verabfolgen.

48. Wenn aber der Bezirkswächter befunden hat, dass wenigstens ¾ des Fußes über die Linie gesetzt worden sind, so erhöht dieser Umstand die Strafe beinahe ums Doppelte.

49. Wenn aber jemand den ganzen Fuß über die Grenze gesetzt hat, so bekommt er fürs Erste eine ungezählte Masse Prügel, und dann wird er erst durch drei Tage an einen Pfahl gebunden, um daselbst sich die engste Grenze anzugewöhnen.

50. Wenn ein solcher Fall siebenmal vorkommt, so wird ihm alsobald der Fuß, so weit er denselben außer der Grenze gesetzt hat, abgehauen.

51. Wer aber ohne gerichtliche Erlaubnis sich unterfangen hätte, nur einige Schritte außer seinem Grenzbezirk zu tun, der wird entweder im Wege der Gnade aufgehängt, oder zu Tode geprügelt. Und geht es nicht auf dem Wege der Gnade, so wird er nackt auf ein Kreuz gebunden, und da so lange oben gelassen, bis er gestorben ist; jedoch steht ihm selbst am Kreuz noch vermöge gewaltiger Bitte die Gnade offen, durch einen Lanzenstich getötet zu werden.

52. Seht, aus diesem kleinen Beispiel könnet ihr euch schon einen Begriff machen, wie es in diesem Land aussieht; und es ist die Einrichtung so getroffen, dass außer den bekannten hohen Staatsbeamten niemand von der Todesstrafe ausgenommen ist.

53. Und so treibt hier gewisserart ein Keil den andern. Nie wird man einen Fall erleben, dass ein unterer Beamter wegen allfälliger Grausamkeit zur Verantwortung und Strafe gezogen wird; wohl aber, wenn er sich

nur im Geringsten irgendwo eine Fahrlässigkeit erwiesenermaßen hat zu Schulden werden lassen.

54. Daher bildet dort der Zirkel und die Waage den Hauptteil der Staatsverfassung; denn da wird alles abgezirkelt und abgewogen.

55. Wenn ihr euch nun denkt, dass bei allen diesen ungefähr bekannt gegebenen Grundvorschriften die Todesstrafe mit allerlei Martervariationen die Hauptrolle spielt, so wird es auch nicht schwer werden, euch einen ziemlichen Begriff zu machen, wie es in einem Land zugeht, wo die Despotie den höchsten Gipfel der Tyrannei erklommen hat.

56. Denn wahrlich, es dürfte auf der Erdoberfläche kaum ein zweites Land geben, das diesem in seiner willkürlichen grausamen Unart gliche.

57. Nun habe Ich euch von diesem Land auch für euch genügend den schlimmen Teil bekannt gegeben. Es gibt aber noch einen schlimmsten. Ihr werdet jetzt freilich denken, kann's denn in einem Land etwas Ärgeres geben, als wir schon vernommen haben? — Hier sage Ich euch für den Augenblick nichts, sondern bescheide euch bloß, einen Blick auf Meine Tafel zu machen.

58. Seht daher, dieses Gebäude ist ein Tempel! Ich sage auch zu diesem Tempel: Epheta! — Und nun blickt hinein. Seht, wie da in einer seitwärts abgelegenen runden Zelle mehrere Mädchen und Jünglinge gefüttert werden, damit sie schön und recht fett werden sollen. Seht, die zwischen ihnen in gelben und blauen Kleidern sitzenden Männer sind die Opferpriester.

59. Wenn ein Missjahr dieses Land heimsucht, so wird dann sogleich gepredigt, dass sich Gott erzürnt habe über dieses Land, und daher muss ihm, um ihn zu begüten, ein Opfer gebracht werden.

60. Und sobald werden auf Befehl des Oberpriesters sechs männliche und sechs weibliche Individuen aus dieser Zelle gewaschen und nach ihrer Art gar zierlich angelegt, und sodann stellt sich ein Priester

auf einen sogenannten Weisheitsstuhl; von diesem bestimmt er dann mit zornigen Worten, gleichsam als spräche die erzürnte Gottheit aus ihm, wie derselben sollte das Opfer dargebracht werden.

61. Sind die Mädchen sehr schön und üppig geworden durch diese Fütterung, dann verschmäht die Gottheit die Opferung derselben, und gibt sie zum lebenslänglichen Eigentum seinen Priestern zurück.

62. Aber mit den Jünglingen, wenn einer nicht von gar ausnehmender Schönheit ist, geht die erzürnte Gottheit nicht so schonend zu Werke, sondern sie werden gewöhnlich zur Opferung bestimmt, welche darin besteht, dass sie entweder bei lebendigem Leib verbrannt, oder früher enthauptet und dann erst verbrannt werden, oder sie werden auf einen Felsen, der irgend ins Meer hinausragt, geführt, und von da ins Meer geworfen.

63. Freilich geschieht solche Menschenopferung nur selten; aber genug, wenn sie irgend noch vorkommt, so ist ein solches Land schon dessentwegen in der allertiefsten Finsternis, und hat von einem wahren Gott die schändlichsten und elendsten Begriffe.

64. Zu diesem Allerschlimmsten gehört auch die Ermordung überzähliger Kinder; und derjenige, der über die Zahl Kinder gezeugt hat, wird an seinen Geschlechtsteilen verstümmelt.

65. Ferner gehört zu dem Allerschlimmsten auch das, dass in diesem Land gegen das Eindringen des Christentums mit unerhörter Grausamkeit verfahren wird.

66. Denn in dieses Land darf sich nicht einmal ein mit aller Wundertätigkeit ausgerüsteter Wiedergeborener wagen; denn er wird sofort als Fremdling, Unheilbringer und Aufwiegler des Volkes mit der grausamsten Todesart bestraft.

67. Es hat auch wirklich schon Fälle gegeben, dass Christenboten daselbst durch die verschiedensten Todesarten gehend von Mir am

Leben erhalten wurden; allein diese Unmenschen haben das alles für null und nichtig betrachtet, und haben an solchen Christenboten unersättlich alle erdenklichen Todesarten versucht, bis nach Meiner Ordnung die Zahl voll war, und Ich Meinen Abgesandten abrufen musste, um nicht noch längere Zeit das Heiligtum solcher namenlosen Verachtung preisgegeben zu sehen.

68. Aber nun merkt euch dieses: Nicht ferne mehr ist der vernichtende Moment dieses Freisitzes des Satans; wenn ihr hören werdet, dass diese Monarchie preisgegeben wird fremden Völkern, so denkt, dass da das Ende der Dinge nicht ferne sei.

69. Seht, in diesem äußersten Morgenland gibt es noch manche Völkerschaften, die von Mir nichts wissen wollen; allein, Ich werde ferner wenig Boten mehr dahin senden, sondern Boten Meines nahen Gerichtes; und es wird sein wie mit einem Fruchtbaum im Herbst, da das unreife Obst mit dem reifen herabgenommen wird.

70. Das reife wird aufbewahrt für die Tafel des Herrn, das unreife aber auf die Kelter geworfen, und allda zerstoßen, und wird der wenige Saft noch genommen zur Säuerung, die Trebern aber werden vorgeworfen den Schweinen; und es wird da sein wie bei einem Hausvater, auf dessen Acker der Weizen reif geworden ist.

71. Wahrlich, es wird da nicht geschaut auf die Reife des Unkrauts, sondern dieses wird mit dem Weizen vom Acker genommen werden; dann aber wird es geschieden werden durch die Diener vom Weizen.

72. Diese werden es in Bündel zusammenbinden und vertrocknen lassen auf dem offenen Feld, und werden es dann anzünden und verbrennen bis auf den Grund, damit aller Same des Unkrauts vernichtet werde; Meinen Weizen aber werden sie bringen in die Scheuern des ewigen Lebens.

73. Seht, daher sollt ihr euch auch nicht daran stoßen, wenn ihr auf der Erde noch so viel unreifes Obst und so viel Unkraut unter dem Weizen findet.

74. Denkt nicht, dass Ich darob Meinen Tag verzögern werde, sondern wahrlich sage Ich euch: Nur beschleunigen will Ich ihn, der Auserwählten willen; denn wenn zur Zeit dieser letzten vorbestimmten Trübsale diese Tage nicht möchten verkürzt werden, wahrlich, selbst die Lebendigen verlören das Leben!

75. Daher seid unbesorgt, und benützt diese Mitteilung nicht zu sehr als buchstäbliche Anschauung der unratübervollen Welt, sondern benützt sie vielmehr zur eigenen innern Anschauung; denn darum gebe Ich solches euch, dass ihr die Welt in euch erkennen, sie verachten und aus Liebe zu Mir fliehen sollt.

76. Doch erst am Schluss der letzten Stunde will Ich euch die Decke von den Augen ziehen, wo ihr dann vollends ersehen werdet, wohinaus Ich mit diesen zwölf Stunden eigentlich will. Amen.

Der folgende Nachtrag findet sich nicht in der Erstausgabe, sondern wurde von der dritten Auflage (1895) übernommen.

Noch etwas über Japan, als Nachtrag zur neunten Stunde.

77. Japan besteht aus den Inseln: 1. Sachalin (heute zu Russland gehörend, d. Ed.), 2. Jesso (Hokkaidō, d. Ed.), 3. Niphon oder Nypon (Honshū, d. Ed.), 4. Xikoko oder Likok (Shikoku, d. Ed.), 5. Kinsin oder Ximo (Kyūshū, d. Ed.), und ist das bevölkertste Land auf der Erde.

78. Der Flächenraum beträgt kaum so viel als der von Großbritannien. Die (heutigen) Japaner bestehen nur aus Mongolen, Malayen und einigen wenigen Ureinwohnern, sie sind durchaus nicht verwandt mit

den Chinesen, und übertreffen diese in allem, sowohl in der Bildung —
als in der Grausamkeit.

79. Was auch sehr viel dazu beiträgt, dass sie in den verschiedensten
Wissenschaften die Chinesen bei weitem überragen, ist das, dass sie in
ihrer Sprache nur 48 einfache Buchstaben haben, wogegen die Chinesen
bei 50 000. Ihre Sprache ist sehr weich und biegsam; ihre Religion ein
raffiniertes Heidentum; ihre Gesetze im höchsten Grad tyrannisch.

80. Es gibt zehn sogenannte Kasten unter den Bewohnern, für jede
(Kaste) sind einige feste unabänderliche und dazu noch willkürliche, ab-
änderliche Gesetze.

81. Jedem ist sein Bezirk streng zugewiesen, von dem er sich vor der
Freigabe nicht entfernen darf; die Freigabe besteht in einer Art Arbeits-
Vakanz.

82. Die vorzüglichsten Ortschaften sind: Jeddo-Edo (Tokio, d. Ed.),
am Fluss Tonkai mit 280 000 Häusern, und über einer Million Einwohner
(anno 1841); das ist zugleich beinahe die volkreichste Stadt auf der Erde
(anno 1841). Rio oder Miako (Kyōto, d. Ed.) mit 140 000 Häusern und
mit fast einer Million Einwohner; Nagasake (Nagasaki, d. Ed.), eine Hafenstadt, mit 10 000 Häusern und gegen 100 000 Einwohnern; Mastmai
oder Matsumai (Matsumae, d. Ed.) mit 6 000 Häusern und 60 000 Einwohnern.

83. Die nördlichste Spitze der Insel Sachalin heißt von Engländern
Kap Elisabeth, in der westlichen Hälfte dieser Insel ist das Kap Patience.
Diese nördlichste und auch ärmste Insel wird durch die Straße La Pey-
rouse von der Insel Jesso getrennt.

84. Auf der Insel Jessos südöstlicher Spitze liegt die Stadt Mastmai
oder Matsumai. Die Insel wird durch die Straße Sangar (Tsugaru-Straße,
d. Ed.) von der Insel Niphon oder Nipon getrennt. Diese mittlere und
größte Insel ist zugleich die Residenz-Insel.

85. Auf ihr befindet sich ein großer Hafen mit dem Namen Namba ohne Stadtrecht; dann die Residenzstadt Jeddo oder Edo (jetzt Tokio) mit einem großen Hafen, welcher geschützt wird durch das schauerliche Kap Ring; dann die Gebirgsstadt Rio oder Miako, als die größte Fabrikstadt der Japanesen; diese Insel ist zugleich die allergebirgigste, wie die nördlichste Insel Sachalin — die am meisten vulkanische.

86. Die Insel Xikoko ist sozusagen fast nur ein Berg aus dem Meer, und daher auch wenig bevölkert. Jedoch die Insel Kinsin mit der Hafenstadt Nagasaki ist dafür wieder übervölkert, diese Insel hat die strengsten Gesetze, und ist allein den Niederländern zugänglich, und das nur auf dem vor Nagasaki liegenden Inselchen unter dem Namen Guelport, der von den vertriebenen schlechten Portugiesen und Spaniern abstammt.

87. Über der nordwestlichen Hälfte der Insel Nipon befindet sich noch eine etwas bedeutende Insel Sado, als Zufluchtsort der Ureinwohner, welche hier einige Vorrechte genießen; auch haben sich einige Portugiesen auf diese Insel verkrochen; jedoch dürfen sie sich nimmer entfernen, und müssen alles Japanesische und den Vollmond anbeten.

88. Die ganze Bevölkerung Japans beträgt bei 40 Millionen Menschen, vier Siebtel davon ist weiblich. Außer der Mechanik, Mathematik, Nautik, Geographie und Astronomie sind sie in aller Industrie den Völkern der Erde vor, und sind im Besitz von großen Reichtümern und manchen Geheimnissen.

89. Die Sadoer besitzen noch hie und da das zweite Gesicht, und haben noch Wissenschaft aus den Urzeiten des Meduhed.

90. Ihre Zahl beträgt 3 Millionen Menschen ohne die Portugiesen, deren Zahl nur einige Tausende ausmacht. Dieses alles diene euch zur genaueren Übersicht dieses Landes, und kann in der „Neunten Stunde" beigefügt werden. Amen!

Kapitel 10

Zehnte Stunde

In Todesnähe

Europa und Russland. Das entartete Christentum. Erläuterung zum zweiten Gesicht. Zweck
dieser Schrift.

1. Nachdem wir die Außenländer in Hinsicht auf den moralischen
Kultus ein wenig überblickt haben, so wollen wir uns auf unseren heimatlichen Boden wenden; Ich sage darum heimatlichen, da fürs Erste
ihr daselbst geboren seid, und hauptsächlich aber fürs Zweite, weil Ich
auf diesem Boden doch am meisten bekannt werde durch das freilich
sehr zerstückte und gänzlich entartete Christentum.

2. Es gäbe wohl auf der Erde noch viele Ländereien, sowohl auf den
Kontinenten als auch auf den Inseln; allein da es hier nicht zu tun ist,
euch eine neue Statistik und Erdbeschreibung in die Hände zu liefern,
sondern vielmehr euren Geist zu wecken, damit er desto leichter seine
eigene inwendige Statistik erschauen und begreifen möchte, und erkennen die entsprechenden Bosheiten seiner eigenen nächsten Umgebung;
und so denn genügt von den Fremdländern das bisher Bezeichnete.

3. Was aber ins Sonderheitliche noch andere wohlbekannte große
Länder und Reiche betrifft, als dergleichen das Kaisertum China, wie
auch noch andere, teils zu diesem Reich, teils aber zum Weltteil Asien,
Australien, wie auch Afrika gehörige Inseln sind, so auch der große Kai-
serstaat Brasilien mit dem übrigen Südamerika und all den Inseln, die
entweder zu diesem Weltteil gerechnet werden, oder auch unter einem
andern Namen existieren, seht, dieses alles könnt ihr, so viel es nötig ist,
ohnehin erfahren.

4. Ich aber kann es euch aus mehreren Rücksichten nicht auf die Tafel bringen, denn wenn in solchen Ländern die Abgötterei in einem zu hohen Grad die Völker verpestet hat, ihr würdet wahrlich keinen Nutzen daraus schöpfen, sondern da könntet ihr sogar durch den Anblick des Bildes mehr Gift in euch aufnehmen denn des Segens.

5. Und einer andern Rücksicht zu Folge kann Ich es auch darum nicht tun, weil es Meiner Heiligkeit nicht wohl ansteht, und vermöge Meiner Ordnung auch nicht möglich ist, das Auge der Liebe an eurer Seite dahin zu wenden, weil vom Anbeginn, da ein solches Land von einer Mir verhassten Nation entdeckt wurde, solche Länder mit Meinem Fluch belegt wurden, oder sie haben sich von alten Zeiten her schon so entartet und vergräuelt, dass ein Blick von Mir auch nur auf das entsprechende Bild sie augenblicklich vernichten würde.

6. Denn die Scheußlichkeit der Handlungsweisen auf diesen Ländern ist von einer solchen unerhörten Art, dass ihr euch bei einer nur einigermaßen auseinandergesetzten Schilderung, besonders den inwendigen Verhältnissen nach, solchergestalt entsetzen möchtet, dass auch nicht einer die Kraft hätte, seine Feder weiter zu führen.

7. Daher lassen wir sie unangetastet, und wie schon gesagt, nehmen wir das in den innern Augenschein, was euch und Mir in jeder Hinsicht näher liegt.

8. Es wird euch schwer sein zu glauben, dass es unter diesen benannten und teils auch absichtlich nicht benannten Ländereien Gegenden gibt, für die sogar Mein Fluch zu heilig ist, und sind daher auch im buchstäblichen Sinn desselben nicht wert. — Mehr brauche Ich euch nicht zu sagen.

9. Warum Ich Mich daher über solche Punkte der Erde in eine nähere Auseinandersetzung nicht einlasse, werdet ihr nun wohl

einsehen —; denn wo der Satan in allem und jedem seine Herrschaft vollends aufgerichtet hat, wahrlich, da ist nicht gut hinzublicken.

10. Und würde Ich euch auch solche Gegenden über Meine Tafel ausbreiten lassen, wahrlich, ihr würdet nichts erschauen denn einen schwarzen und hie und da ganz glühenden Erdraum. Mehr brauche Ich euch nicht zu sagen. Darum seht lieber her auf die Tafel, und versucht euch, zu erkennen das Land, was sich nun euren Blicken darstellt.

11. Seht nur genau. Auf welcher Seite bemerkt ihr das Land? Nicht wahr, es liegt ganz nördlich; nun seht, ihr habt es schon. Wie hättet ihr es auch nicht alsogleich erkennen sollen; die weit gedehnten Eis- und Schneefelder verkünden euch ja laut den Namen Russlands.

12. Seht, wie dieses weitgedehnte Reich sich beinahe über drei Weltteile ausbreitet, und was den Flächenraum anbelangt, auch wohl das größte Land der Erde ist, das da von einem Alleinherrscher beherrscht wird.

13. Seht, wie es hier aussieht, besonders in den nördlichen Teilen, als wenn der ewige Friede allda seinen Sitz aufgerichtet hätte.

14. Aber es ist eben nicht allzeit dem Schein zu trauen; denn auch hier gibt es manche Stürme in den Gemütern der Nordbewohner, nicht nur, dass sie in der Bildung den übrigen Völkern Europas nachstehen, sondern sie stehen noch in so manchen andern Verhältnissen dem bessern Teil Europas nach, und dieses ist, dass man dort von Seiten der Regierung noch viel zu wenig getan hat, um wenigstens jenes christliche Licht, das diesem Reich im Allgemeinen eigen ist, in einem intensiveren Maß leuchten zu lassen.

15. Dieser benannte Unfriede ist also vielmehr ein moralischer Unfriede als ein politischer, denn es kann für den Menschen in geistiger Hinsicht keinen beunruhigenderen Zustand geben, als wenn mit einigen Fünklein des Christentums ein ganzer Feuerstrom des schmutzigsten

Aberglaubens verbunden wird, denn da ist leichter, die stockfinstersten Heiden sowohl hier als jenseits für die reine Wahrheit zugänglich zu machen als solche verheidnete Christen.

16. Und dieser Zustand, seht nur her auf die Tafel, zieht sich beinahe ununterbrochen über den ganzen nördlichen Teil dieses Landes.

17. Bei allem dem aber ist dieses Reiches Verfassung noch eine solche, dahin die Wahrheit noch, freilich unter gewissen Bedingungen, den ungehinderten Zutritt hat.

18. Denn wo immer ein Herrscher ein Land beherrscht, und sucht in dieser seiner großen Wirkungssphäre dasselbe so viel nur möglich in sich zur Einheit zu bringen, so ist dieses mehr, ja, Ich sage euch, bei weitem mehr, als wenn in irgend einem andern noch so gebildeten Staat ein Herrscher bloß ein Namensträger ist, und seinen Untertanen Konstitutionen über Konstitutionen zugesteht, um nur nicht von seinem vielgeliebten Thron vertrieben zu werden.

19. Wahrlich, ein solcher Herrscher ist nicht viel besser daran denn ein Verbrecher im Arrest, denn nur seine Blindheit lässt ihn nicht sehen, in welche Sklavenketten ihn seine bekonstitutionierten Völker geworfen haben.

20. Er sieht in der goldenen Kette nicht, dass er ein Gefesselter ist; aber auch die goldene Kette ist eine metallene Kette, und bei oft so massiven Gliedern wahrlich oft ums Zehnfache schwerer denn die eiserne eines Verbrechers.

21. Und somit gibt es für uns auf diesen erfrorenen Flächen nicht gar zu viel mehr Bemerkenswertes zu schauen, außer dass ganz nördlich gegen das Gebirge, welches das Ural genannt wird, einige ganz vereinzelte Familien wohnen, welche mit dem zweiten Gesicht begabt sind.

22. Es ist aber dieses zweite Gesicht nicht etwa ein Zeichen von einem geweckteren Geist, sondern es hat seinen Grund bloß nur in einem

etwas erhöhteren Seelenleben, und ist überhaupt ein Eigentum feiner Menschen, die stets in großer Not und natürlicher Abgezogenheit von der Welt zu leben genötigt sind.

23. Dass dieses zweite Gesicht mit der geistigen Geweecktheit gar keine Verwandtschaft hat, kann euch auch dieser Umstand hinreichend erweisend bezeugen, dass eines solchen zweiten Gesichts auch sogar die Tiere fähig sind, deren Individualität durchgehend nichts Geistiges in sich trägt, wohl aber eine Seele zur ferneren Ausbildung.

24. Ihr werdet nun freilich fragen, welche Realität dasjenige hat, was sich im zweiten Gesicht beschaulich darstellt. Allein es wird auch gar nicht schwer sein, diesen Knoten für euch zu lösen.

25. Wenn ihr noch im tiefen Winter begraben seid, und euch von allen Seiten die starren Schnee- und Eisfelder schaurig anblicken, ja, wenn ihr noch dazu in kalten Gemächern zu wohnen genötigt wäret, sagt, werdet ihr euch da nicht nach dem Frühling und nach dem Sommer ganz gewaltig zu sehnen anfangen? Und wird nicht die Phantasie eurer Seele sich vorzugsweise damit beschäftigen, und euch bildlich den Frühling und den Sommer vorführen?

26. Seht, dieses sehnsüchtige, gleichsam plastische Vorgefühl ist die erste Stufe des zweiten Gesichts, und hat seinen Grund in dem leisen ätherischen Überwehen dessen, das die Seele in ihrem gedrückten Zustand wohltuend erwartet.

27. Wenn nun jemand sich mehr und mehr vertiefen würde, so möchte er wenigstens zur Nachtzeit nicht selten die Situationen des Frühlings und des Sommers gleich matten Traumbildern vor sich vorüberziehen sehen.

28. Wenn aber irgendeine Seele noch mehr beengt wird durch leidende Verhältnisse, so geschieht mit ihr durch solchen Druck dasjenige

Experiment, als wenn die Luft in einem zu hohen Grad gedrückt wird —
sie entzündet sich, und tritt außer der leiblichen Sphäre hinaus.

29. Es gibt aber in dem sichtbaren Raum ebenso gut seelische Wirkungen und Bewegungen, wie's in dem weiten Lichtraum Wirkungen
und Bewegungen des Lichts gibt, nur mit dem Unterschied, dass die
Schwingungen des Lichts sich auf dem natürlichen Weg nicht anders als
geradlinig fortpflanzen können, wogegen die seelischen mehr ähnlich
sind den Schwingungen des Schalls, und können sich nach allen erdenklichen Richtungen, wie auch in allen erdenklichen Krümmungen, mit
mehr denn elektrischer Schnelligkeit fortpflanzen.

30. Jetzt denkt euch irgendein Faktum, welcher Art es auch immer
sein mag, so hat es denn immerwährend drei Bedingungen zum Grunde:
eine materielle, eine seelische und eine geistige.

31. Was demnach die erste Bedingung betrifft, so kann das Faktum
von den leiblichen Augen erst dann erschaut werden, wenn es gerade
eben geschieht, und zwar in einer solchen Entfernung, die von der leiblichen Sehkraft erreicht werden kann.

32. Was die seelische Bedingung anbelangt, so werdet ihr es ohne
viel Nachdenken leicht einsehen, dass ein Faktum fürs Erste in der Seele
vorangehen muss, bevor es erst in die Körperwelt übergeht.

33. Ist aber nun die Seele ihrer Decke enthoben, so kann sie ein solches Faktum vermöge der schnellen seelischen Fortpflanzung oft schon
eine bedeutende Zeit früher ersehen, als solches erst zur materiellen
Objektivität gelangt, oder sie kann auch ein verübtes Faktum nachträg-
lich erschauen, gleichwie ihr einen fernen Nachhall vernehmt.

34. Zum größten Überfluss will Ich auch noch drei kleine Beispiele
von dem menschlichen Schauen hinzufügen.

35. Es sieht z. B. ein solcher mit dem zweiten Gesicht Begabter eine
Leiche eines Unbekannten vorüberziehen, wo der Bekannte noch ganz

frisch und gesund ist und erst in einigen Monaten darauf stirbt, so geht das auf folgende leicht fassliche Weise vor, nämlich:

36. Die Seele des zu Sterbenden ahnt die nahe Auflösung ihrer Hülle, besonders zu einer Zeit, wenn sie ebenfalls durch ein merkliches Heraustreten ihr zum Zusammenfallen reifes Haus reiner und richtiger beschaut.

37. In diesem Zustand ordnet sie dann schon alle betreffenden Vorkehrungen und Zeremonien zum Übergang — zu gleicher Zeit ist aber auch die Seele eines andern Menschen in solchem erhöhten Zustand, und sieht da das ganze Faktum, was sich die Seele des andern schon vorgeordnet hat, und zwar das alles auf die euch nun schon bekannte seelische Fortpflanzungsweise.

38. Nun seht, auf diese Weise werden von der Seele dergleichen Dinge vorgesehen wie von dem körperlichen Auge diejenigen, die soeben geschehen. Als zweites Beispiel: Eine Seele sieht in irgendeiner weiten Entfernung etwas geschehen.

39. Auch dieses Schauen geschieht auf dieselbe Weise, denn wo immer etwas geschieht, da Menschen zugegen sind, entweder bloß als Zuschauer oder als glücklich oder unglücklich Mitbeteiligte, so ist dann ja auch nichts natürlicher, als dass ein solches Faktum in das Seelenleben der andern alsogleich aufgenommen wird, und pflanzt sich dann in der seelischen Sphäre gleich einem allerzartesten magnetischen Fluidum je nach der Größe und Art des Faktums oft mehrere tausend Stunden fort,

40. und wenn dann irgendein Mensch in einem solchen erhöhten Seelenzustand sich befindet, so nimmt er solche Schwingungen alsogleich wahr, und bekommt das Bild durch die Varietät (Parität? d. Ed.) der Schwingungen auf dieselbe Art zu Gesicht, als irgend ein materielles Bild durch die Varietät der Schwingungen des Lichts von dem

Gegenstand, von dem sie ausgehen, zur körperlichen Anschauung durch das fleischige Auge gelangt.

41. Als ein drittes Beispiel ist dieses anzunehmen, wenn irgendein Faktum, bei welchem mehrere Menschen verunglücken werden, noch nicht erfolgt ist. Dieses Gesicht ist zwar etwas seltener, kommt aber dessen ungeachtet gleich den übrigen Fällen vor.

42. Dieses Gesicht ist auf folgende Weise einzusehen: Wenn irgendeine Seele bei besonderen Fällen in einen erhöhten Zustand gelangt, so wird auch der innewohnende Geist, freilich nur auf kurze Perioden, geweckt. In der geistigen Bedingung aber liegen alle Fakta, sowohl die vergangenen als die zukünftigen, unvergänglich zu Grunde. Nun kann da das Schauen auf eine zweifache Art geschehen, nämlich der Betreffende erschaut es zuerst aus seinem Geist.

43. Dieses Erschaute geht natürlich in die Seele über; wie es aber in die Seele übergegangen ist, so pflanzt es sich auch schon nach den euch bekannten Gesetzen weiter, und so dann irgendein Mensch im erhöhten Seelenzustand sich befindet, so erschaut er auch ein solches gewisserart prognostisches Faktum nebst allen den Umständen, die sich da zutragen werden, und dieses Erschauen ist dann eben die zweite Art, ein solches Faktum, welches erst geschehen wird, zu erschauen.

44. Dass ein solcher Mensch auch Seelen verstorbener Menschen sehen kann, wenn diese sich wollen oder dürfen sehen lassen, braucht gar nicht mehr näher erwähnt zu werden.

45. Nun seht, da habt ihr das ganze Wesen des zweiten Gesichts, und könnt aus demselben zugleich ersehen, dass dazu gerade keine Geistesgewecktheit erfordert wird, denn das Schauen des Geistes ist auch ein ganz verschiedenes von dem der Seele. Wie sich aber das Schauen des Leibes zu dem Schauen der Seele verhält, so verhält sich auch das Schauen der Seele zum Schauen des Geistes.

46. Wie aber das Schauen des leiblichen Auges kann verschärft werden durch materielle Mittel, dergleichen da sind: allerlei optische Werkzeuge, so kann auch das Schauen der Seele erhöht werden durch jene Mittel, welche natürlicherweise der Seele entsprechen.

47. Diese Mittel sind natürlich ein starker ungeheuchelter Glaube, ein festes Wollen und eine dadurch wenigstens zur Hälfte geistige Geweckheit. Wie aber das seelische Schauen dadurch erhöht werden kann, ebenso kann auch die Sehe des Geistes bis ins Unendliche gestärkt werden, und zwar mittels derjenigen Mittel, die euch der große Seher durch Seine Lehre gelehrt hat, welcher große Seher eben Derjenige ist, der euch jetzt daran erinnert.

48. Ihr werdet euch denken, wo bleiben denn bei dieser Erklärung die von euch schon im Voraus erwarteten europäischen Staatsverhältnisse?

49. Da sage Ich euch nichts als das: So ihr die anderen Gräuelverhältnisse habt zur Genüge kennen gelernt, so mögt ihr euch wohl begnügen, wenn's in euren Landen eben auch nicht gerade am besten zugeht, aber dessen ungeachtet die Verhältnisse noch so gestaltet sind, dass der Besserwollende eben kein Hindernis findet, besser zu sein, besser zu handeln, und Gutes zu tun.

50. Ein Paradies auf dieser Erde besteht nirgends mehr körperlich und geistig zugleich.

51. Ein jeder aber kann es im Geiste erreichen, wenn er es nur will; denn wenn es auch noch in irgendeinem Land Finsternisse gibt, so tut das nicht viel zur hindernden Sache, und wenn auch die Finsternisse der Nacht noch so arg sich über die Täler und Berge gelagert haben, so werden sie doch nichts vermögen, wenn die Sonne einmal ihren Aufgang begonnen hat.

52. Aber arg nur ist es in solchen Ländern, wo durchaus keine Freiheit gang und gäbe ist, wie in den unterirdischen Gewölben, Klüften und Gängen. Da mögen tausend Sonnen statt einer aufgehen, so wird ihr Licht dessen ungeachtet nicht vermögen eher in solche verkrustete Tiefen zu dringen, als bis des Strahls höchster Brenngrad die Erde bis zum Mittelpunkt in den Äther umwandelt hat.

53. Und so werden wir auch für die noch übrigen zwei Stunden ganz andere Dinge finden, als ihr sie schon im Voraus erwartet habt, und am Ende werdet ihr selbst eingestehen müssen, dass derjenige, der zuletzt lacht, am besten daran ist.

54. Wenn ihr dann alle diese Stunden in einem ganz andern Licht erblicken werdet, welches Ich durch eine kleine Vorrichtung in Meiner Kamera bewirken werde, so werdet ihr erst einsehen, dass ich euch nicht einen Professor der Statistik habe machen wollen, sondern einen ganz andern, der weit über das Fach der Statistik hinauszublicken vermag.

55. Was somit in der nächsten Stunde vorkommen wird, werdet ihr eben erst in der nächsten Stunde erfahren. Plagt euch nicht ab mit Raten, macht auch keine Vergleichungen mit Meinen statistischen Angaben, denn alles dieses werdet ihr dann als gänzlich fruchtlos anerkennen müssen.

56. Wenn ihr aber schon etwas denkt, so denkt, dass Mir an Europa, Asien, Afrika, Amerika, Australien und all den angeführten Inseln und ihren sämtlichen moralischen und politischen Verhältnissen so viel als gar nichts gelegen ist; sondern, dazu Ich deren Bilder, soweit als nötig ist, für euch, sage nur für euch, benützt habe, seht, dieses werden euch noch die folgenden zwei Stunden treulich, wie in dieser das zweite Gesicht, und noch treulicher kundgeben. Amen.

Kapitel 11

Elfte Stunde

Das Gleichnis vom verlorenen Sohn. Rückblick auf die vorherigen Stunden.

Schreibende: K. G. L. — F. S. — Andr. und Ans. H.

1. Ihr habt gelesen in Meinem Buch (Luk. 15, 11–32) die Geschichte des verlorenen Sohnes und werdet diese Geschichte nicht nur einmal, sondern öfter schon gelesen und gehört haben. Aber Ich sage euch, es gibt wohl in dem ganzen Buch keinen Vers und kein Kapitel, das da Größeres in sich fassen möchte denn der verlorene Sohn.

2. Auch wird es nicht leichtlich eine Stelle geben, die für euch schwerer zu verstehen sein möchte denn eben diese. Und das zwar aus der Ursache, die ihr wissen sollt, da sie von größter Wichtigkeit ist und ist als solche ein unerlässlicher Schlüssel zur inneren Beschauung.

3. Es ist aber diese Ursache folgende und lautet also: Oft rede Ich aus Meiner Weisheit durch die Liebe erhabene Dinge; oft aber aus der Liebe durch das Licht der Weisheit kleinlich Scheinendes. Nun merket, im ersten Fall wird euch nur so viel geboten, als es eurer jeweiligen Individualität zu ertragen möglich ist; im zweiten Fall aber wird euch eine verhüllte Unendlichkeit gegeben, mit deren endlicher Entwicklung Ewigkeiten nicht fertig werden.

4. Und seht, eine eben solche kleinlich scheinende Gabe ist auch der verlorene Sohn; ja, Ich sage, wüsstet ihr, was alles hinter dem verlorenen Sohn steckt, wahrlich, es würden Erzengel zu euch in die Schule kommen.

5. Ich habe auch in den vorhergehenden zehn Stunden so manches gezeigt, wie es in der gegenwärtigen Zeit auf der Erde zugeht, wobei Ich

euch freilich noch die allergrößten Schändlichkeiten verschwiegen habe. Ich habe euch gezeigt das Mangelhafte der Jurisprudenz im Allgemeinen; Ich habe euch gezeigt die Tollheit Asiens wie die Barbarei Afrikas; Ich habe euch gezeigt die Schändlichkeiten Amerikas, freilich nur einen sehr geringen Teil davon; Ich zeigte euch die Rechtspflege Englands, vorzugsweise in seinen äußeren Verhältnissen, wie auch die Behandlung der Verbrecher auf den euch bekannt gegebenen Küsten Australiens. So habe Ich euch auch im tiefen Süden gezeigt ein misshandeltes Land, wie es war und wie es größtenteils noch jetzt ist; jedoch eben bei diesem Land muss Ich euch auf etwas aufmerksam machen, und zwar zuerst vorzüglich auf das, dass ihr auf dieses eben von diesem Land Ausgesagte eine doppelte Aufmerksamkeit richten, und fürs Zweite, dass ihr eben das von diesem Land Ausgesagte am allerwenigsten buchstäblich nehmen sollt; warum, wird euch die Folge zeigen. Ferner habe Ich euch noch gezeigt die höchst tyrannisch strengen Verhältnisse anderer Inselstaaten und vorzugsweise des japanischen, und so noch einiges in Kürze über den nördlichen Staat Russland.

6. Obschon zwar sich die Sachen in der Welt so verhalten, so sind aber dessen ungeachtet diese Verhältnisse von Mir euch nicht deswegen kundgegeben worden, damit ihr daraus ersehen sollt, wie es allenfalls in der Welt zugeht, denn solches und noch tausendmal Ärgeres werdet ihr ohnehin künftig nur zu oft zu lesen bekommen, sondern die Ursache, darum Ich euch solches kund gegeben habe, ist keine andere als diese, dass ihr daraus das große Geheimnis des verlorenen Sohnes ein wenig zu eurem größten Nutzen tiefer erkennen möchtet.

7. Ihr denkt euch jetzt freilich, was hat denn der verlorene Sohn mit all diesen Weltgrausamkeiten zu tun? — und seid voll Neugierde, wie sich aus all diesem Weltlabyrinth der verlorene Sohn zurechtfinden wird. Aber Ich sage euch: Es ist denn doch noch leichter, aus allen diesen

Szenen den verlorenen Sohn herauszufinden und selben zu begreifen, denn der Durchgang eines Kamels durch ein Nähnadelloch.

8. Um das Ganze zu verstehen, ist es nötig, dass ihr vor allem erfahrt, wer dieser eigentliche verlorene Sohn ist. So Ich euch den verlorenen Sohn zeigen werde, auch nur dem Namen nach, wahrlich, ihr müsstet mit mehr denn siebenfacher Blindheit geschlagen sein, so ihr nicht im Augenblick merken würdet, dass euch eine große Decke von den Augen genommen wurde; und nun bereitet euch vor und vernehmt den Namen!

9. Seht, er heißt Luzifer! — Seht, in diesem Namen steckt das ganze für euch ewig unerfassliche und endlose Kompendium des verlorenen Sohnes.

10. Nun denkt euch, dass die gegenwärtige beinahe gesamte Menschheit nichts als Glieder dieses einen verlorenen Sohnes sind, und zwar namentlich vorzugsweise diejenigen Menschen, welche aus Adams ungesegneter Linie abstammen. Seht, dieser verlorene Sohn hat alles Vermögen, das ihm gebührte, herausgenommen und vergeudet nun dasselbe durch für eure Begriffe zu endlos weit gedehnte Zeiträume.

11. Ihr wisst aus der Geschichte des verlorenen Sohnes, wie es mit seinem Endschicksal ging. Nun seht all diese Verhältnisse der Welt durch; und wahrlich, ihr werdet nichts anderes erblicken als die Endschicksale im ausgedehnten Maßstabe des verlorenen Sohnes.

12. Seht die mangelhafte Rechtspflege; was meint ihr, worin diese wohl ihren Grund haben möchte? Wahrlich nirgends anderes als im Leichtsinn und der daraus hervorgegangenen Gewissensstumpfheit.

13. Nun seht wieder den verlorenen Sohn an, ob das nicht der erste Fall mit ihm ist, als er das väterliche Haus verlässt? Betrachtet ihr die Tollheiten Asiens — was sind sie als die natürliche Folge, die die Zeitfolge

nach und nach bis auf den gegenwärtigen Kulminationspunkt der Scheußlichkeit ausgebildet hat?

14. Nun geht weiter hin auf Afrika: Führt den verlorenen Sohn bei der Hand mit, und wenn ihr nur einen einigermaßen geschärften Geistesblick dahin richtet, so werdet ihr nicht nur in der gegenwärtigen Lage, sondern in allen erdenklichen Situationen dieses Landes, ja, Ich sage, nicht nur Ägyptens, sondern ganz Afrikas mit wunderbarer Treue entdecken,

15. und das zwar nicht nur in dem und aus dem, was die gegenwärtige Zeit bietet, sondern durch alle Zeitperioden, dahin nur irgend eines Menschen Gedanke zu reichen vermag und darüber noch, dass da der verlorene Sohn in demselben Verhältnis, als er sein Vermögen vergeudet hatte, sich befand, allda er ebenfalls auf allen möglichen Wegen gedachte zu irgend einem Besitztum, das dem früheren glich, sich wieder zu erheben; allein, seht nur all die fruchtlosen barbarischen Bemühungen dieses ganzen Weltteils, wozu es eigentlich alle die daselbst reich werden Wollenden bringen?

16. Vieles wird euch die Geschichte der Vergangenheit zeigen und eben dasselbe zeigt euch unwiderruflich auch die Gegenwart dieses gesamten Weltteils. Denn Ich sage euch, nicht nur ein jeder einzelne Mensch, nicht nur ein jedes einzelne Volk, sondern der ganze Weltteil vom ersten bis zum letzten Sandkörnchen, ja vom ersten bis zum letzten Sonnenstrahl, in allen einzelnen Ländereien, Gebirgen, Flüssen, Wüsteneien, Tieren, wird das Verhältnis des verlorenen Sohnes treulich darstellen, wie auch von der Urgeschichte angefangen bis auf den gegenwärtigen Zeitpunkt und noch fernerhin.

17. Jetzt erfasst den verlorenen Sohn wieder bei der Hand, aber vergesst nicht, ihm bei dieser Reise Sklavenketten anzulegen und geht mit ihm nach Amerika: Wahrlich, ihr müsstet blinder sein denn der

Mittelpunkt der Erde, wenn ihr denselben alldort nicht in allen erdenklichen Nuancen vertausendfältigt antreffen mögt. Hier brauche Ich euch nichts Weiteres zu sagen als dass das nördliche Amerika sein Inneres, das südliche aber sein Äußeres darstellt, aus welcher Ursache auch dieses Land schon in seiner Form eine insektenartig ausgehungerte Gestalt des verlorenen Sohnes darstellt.

18. Wer Ohren hat, der höre, und wer Augen hat, der sehe. Ihr werdet alle wissen, wie es dem verlorenen Sohn in seiner letzten Periode gegangen ist, da der euch bekannte innere geheiligte Funke Afrikas in ihm erweckt wurde; in Australien findet er einen Dienstgeber, der ihm nicht einmal das Futter der Schweine gestattet, so dass er genötigt ist, seinen Magen zu füllen mit allem, was ihm nur vorkommt.

19. Jetzt werdet ihr denken, was wird denn der verlorene Sohn wohl in Neuseeland machen? Wir brauchen ihn auch gar nicht nach Neuseeland zu schicken, sondern es wird uns wahrlich keine große Mühe kosten, das Neuseeland im verlorenen Sohn selbst zu erkennen.

20. Merkt denn: Der Süden bedeutet das Allerauswendigste des Menschen. Nun betrachtet ein wenig den verlorenen Sohn, wie er in dieser seiner letzten Schauerprüfungsperiode eben nicht nach dem neuesten Pariser Journale gekleidet ist; nur höchst dürftige und schmutzige Lumpen bedecken seine Schamteile.

21. Nun seht, da haben wir ja schon die getreue Landkarte, die um die Blößen unseres Verlorenen flattert; dehnen wir, oder vergrößern wir unseren verlorenen Sohn und machen bei der Gelegenheit auch eine kurze beobachtende Visite der gegenwärtig bestehenden christlichen Kirche. Gleicht sie nicht diesem Land? Mögt es betrachten, wie ihr wollt, entweder geistig, wie Ich es euch gezeigt habe, oder auch materiell, wie ihr es nur immer irgendwo beschrieben finden mögt; wahrlich, ihr müsstet schon wieder blinder sein denn der Mittelpunkt der Erde, wenn euch

die auffallende Ähnlichkeit dieses Landes mit den Fetzen des verlorenen Sohnes und diese mit der Kirche entginge.

22. Wie dort von den Winden die Armseligkeiten dieser Bewohner, wohlverstanden, verweht werden, dasselbe tat der Wind mit den morschen Lumpen des verlorenen Sohnes, und dasselbe tun jetzt die heilig wehenden Winde von oben mit den samt und sämtlich mehr heidnischen denn christlichen Kirchensekten.

23. Es wird nun von eurer Seite keiner allzu tiefen mathematischen Kenntnisse bedürfen, um herauszubringen, um welche Stunde des großen Tages es nun sei. — Wenn ihr noch einen Blick auf Japan werft, das wird euch auf den Fingern vorzählen und mit den allerdeutlichsten Zeichen die innere Beengung des verlorenen Sohnes wie auch der gegenwärtigen kirchlichen Verhältnisse, was ihr Inwendiges betrifft, mehr denn sonnenklar anzeigen.

24. Mehr brauche Ich euch da nicht zu sagen. Was sagt ihr aber zu einem sehr kranken Menschen, wenn seine Füße kalt geworden sind und auf seinem Haupt kalte Schweißtropfen sitzen? Wahrlich, es bedarf dazu keines medizinischen Rigorosums, um gewisserart in prophetischem Geiste aussprechen zu können: Nur einige wenige schwere Pulsschläge noch, und der Qual- und Lebensmüde hat ausgerungen!

25. Fürs Erste befühlt die Füße des verlorenen Sohnes im Süden der Erde, fürs Zweite befühlt sein Haupt in des Nordens großem Reich, dann legt die Hand auf das alte müde Kirchenherz; wahrlich, ihr müsstet schon wieder blinder sein denn der Mittelpunkt der Erde, so ihr nicht auf den Fingern ausrechnen möchtet, um die wievielte Stunde des großen Tages es nun sei?

26. Ihr werdet euch von der letzten Stunde noch gar wohl erinnern können, wie euch kundgegeben und erläutert wurde das zweite Gesicht.

Ihr werdet euch jetzt wohl denken, sollte dieses zweite Gesicht auch noch mit dem verlorenen Sohn irgendeine Wahlverwandtschaft haben? 27. O Meine Lieben! Wenn Ich jemandem etwas gebe, so gebe Ich es nicht so wie die Menschen, die da selbst bei dem besten Willen nie etwas Ganzes geben können, sondern Ich gebe allzeit etwas Ganzes, und so sage Ich euch: Eben in diesem zweiten Gesicht wird euch erst der ganze Knoten gelöst werden, und ihr werdet nach dieser Lösung euch in eurer Rechnung nicht mehr können um eine Minute verirren.

28. Kehren wir nun wieder zu unserem verlorenen Sohn zurück —, und sehen ein wenig zu, wie er mit des Todes größter Not ringt. Seht seine Seele, wie sie gedrängt ist bis auf einen Punkt; und wahrlich, so weit muss es auch kommen!

29. Aber seht, jetzt geschieht mit der Seele des verlorenen Sohnes, was Ich euch kundgegeben habe von den Seelen, denen das zweite Gesicht dadurch wird. Seht, ihre große Not breitet sich jetzt in schnellen Schwingungen aus, und diese gelangen hin vor das große Vaterhaus, und die Schwingungen des lieberfüllten Vaters liebwechseln mit den Angst-, Elend- und Notschwingungen des verlorenen Sohnes.

30. Die Seele des verlorenen Sohnes empfindet ein solches heiliges, sanftes Wesen vom Hause des großen Vaters. Sie kehrt aus diesen heiligen Schwingungen mutbeseligt wieder in ihr morsches Haus zurück, erhebt dasselbe wieder, und kehrt dahin in der größten sich selbst vernichtenden Demut, dahin, da ihr wisst, dass der verlorene Sohn gekehrt ist.

31. Was geschieht aber dort? — Seht, die Lumpen nur werden dem Sohn ausgezogen und verbrannt; allein der Sohn wird, wie ihr wisst, wieder aufgenommen werden.

32. Seht, nun habt ihr das ganze bis auf diesen gegenwärtigen Augenblick unenthüllte Geheimnis der prophetischen Zahl des Menschen vor eueren Augen enthüllt. Wenn ihr nur einigermaßen die Verhältnisse

der Zeit durchgeht, wahrlich, ihr müsstet mehr denn tot sein, wenn ihr jetzt noch nicht gewahren solltet die heiligen Gnadenschwingungen, die da ausgehen in Strömen nun von dem heiligen Vaterhaus.

33. Auch ihr seid Glieder des verlorenen Sohnes! Dehnt euere Seele weit aus, und lasst erwecken den Geist in eurer Seele, und kehrt in aller Demut gleich dem verlorenen Sohn getrost hin in das große Gebiet eures liebevollsten Vaters; wahrlich sage Ich euch, Er wird euch auf dem halben Weg entgegenkommen!

34. Seht, die Zeit Meiner Gnade ist nahe herbeigekommen, und darum habe Ich euch auch solches gegeben, dass ihr sie erkennen sollt, dass sie jene große Zeit ist, von der die Propheten gesungen haben, ja, jene Zeit, die aus Meinem Mund selbst voraus verkündigt wurde.

35. Darum verharrt nur noch eine kurze Zeit, und freut euch in großer Zuversicht! Denn wahrlich, das große Vaterhaus ist euch nähergekommen, als ihr es ahnt!

36. Wie ihr aber den verlorenen Sohn und alle diese Zeitverhältnisse in euch erkennen mögt, und wie dieser verlorene Sohn in einem jeden Menschen wiedergefunden wird, oder wie er sich vielmehr selbst wieder findet, wie der große Mensch im Kleinen gewonnen wird, liebe Kinder, davon wird euch die letzte Stunde getreue Kunde geben. Amen!

Zwölfte Stunde

Der große Schöpfungsmensch und seine
Rückkehr.

25. März 1841, von nachmittags 4 Uhr bis abends ¼ 9 Uhr.
Schreibende: K. G. L. — F. S. — Andr. und Ans. H.

1. Nachdem wir in der elften Stunde den verlorenen Sohn von seinem Aufgang bis zu seinem Niedergang begleitet und beleuchtet haben
und haben auch die Zeit berechnet und die Stunde nahe bestimmt, die
da zeugen soll von seinem Untergang, so wollen wir in dieser zwölften
Stunde sehen, wo und wie dieser verlorene Sohn wieder zurückkehren
wird, durch und durch gedemütigt in das große Vaterhaus.

2. Um aber dieses vollends zu verstehen, ist es nicht nur hinreichend, dass wir das Weltstäublein, Erde genannt, ein wenig durchschaut
haben; sondern, da Ich zu diesem Zweck in der euch bewussten Camera
obscura des Geistes eine schon erwähnte kleine Vorrichtung hinzugege-
ben habe, noch einmal in dieser neu vorgerichteten Kammer einen etwas weiter gedehnteren Blick zu tun. — Ich sage euch aber zum Voraus,
macht euch gefasst; denn dieser Anblick wird euch etwas vor eure Augen führen, das noch bis auf diese Zeit in keines Menschen Sinn gekommen ist.

3. Vermöge dieser neuen Vorrichtung wird die Tafel zur Aufnahme
eines so großen Bildes auch wohl natürlicherweise selbst etwas vergrö-
ßert werden müssen und statt der früheren waagrechten Lage eine
senkrechte annehmen. Nun seht, unsere Vorrichtung ist getroffen; so
richtet denn eure Blicke hin auf die weitgedehnte Tafel, und sogleich
werdet ihr das große Bild auf derselben erblicken. Denn nur auf diese

einzig und alleinige Art ist es möglich, die endlos ausgedehnte Schöpfung unter einem Bild euch vor die Augen zu stellen.

4. Nun seht nur genau hin auf die Tafel, und sobald Ich das Wort Epheta aussprechen werde, werdet ihr das großartige Bild auf der Tafel erschauen. Und nun denn, da eure Blicke dahin gerichtet sind, sage Ich: Epheta!

5. Nun, was sagt ihr zu dem Bild? Nicht wahr, ihr erblickt auf dieser Tafel nichts mehr und nichts weniger als die deutliche Figur eines Menschen, dessen Lenden nur kaum von einigen Lumpen bedeckt sind und dessen Haare zottigen Aussehens ihm bis über den halben Leib vom Kopf herabhängen.

6. Nicht wahr, ihr werdet euch wohl denken —, „an diesem Bild ist gerade nichts Besonderes zu sehen, außer dass es auf dieser Tafel in einer sehr kolossalen Form dargestellt ist. Übrigens aber hätte ein solches Bild auch ein jeder nur einigermaßen bewanderte Figurenzeichner mit einer weißlichten Farbe auf eine schwarze Tafel entwerfen können" — und Ich kann euch nichts anderes dazu sagen, als dass euer Schluss vor der Hand seine Richtigkeit hat; und so ihr noch etwas tiefer denken wollt, so möchtet ihr auch wohl bald in dieser weißlichten Figur die Gestalt des verlorenen Sohnes erblicken.

7. Aber seht, Meine lieben Kinder! Die Tafel ist ein wenig zu weit gestellt für eure Augen, daher gehen wir vollends an die Tafel hin; denn die ganze Gestalt habt ihr jetzt schon gesehen, daher wollen wir die Farbe, mittelst welcher diese Figur an diese Tafel aufgetragen ist, ein wenig näher untersuchend beschauen.

8. Nun, jetzt sind wir an der Tafel. Seht, diese klafterbreite schimmernde Fläche ist ein Teil des Fußes dieser ganzen Figur. Seht nur recht nahe hin und sagt Mir, was ihr darauf entdeckt. Seht nur recht genau, nicht wahr, ihr entdeckt nichts als lauter nahe aneinander gereihte

kleine schimmernde Kügelchen. Ihr wisst, dass dieses Bild kein gemaltes, sondern nur ein Lichtbild ist eines äußeren Gegenstandes.

9. Was meint ihr wohl, was diese Kügelchen in der Wirklichkeit sind? Seht, Ich will euch nicht lange herumraten lassen, aber, wie ihr meint, dass diese Kügelchen etwa Abbilder sind von entfernten Sonnen, Planeten, Monden und Kometen, hört, da müsste Ich euch wohl sagen: Kinderchen! Urteilt nicht zu vorschnell, sonst möchtet ihr euch gar gewaltig irren! Jedoch bevor Ich euch das Wesen dieser kleinwinzigen Kügelchen enthülle, bemüht ihr euch auf einem linsengroßen Fleck diese Kügelchen zu zählen!

10. Nun, seid ihr schon fertig? — Ja, ja, Ich sehe schon, ihr werdet damit nicht leichtlich fertig, denn es ist eine für euch kaum aussprechbare Zahl solcher Schimmerpünktchen auf dieser linsengroßen Fläche vorhanden, und möchten ihrer wohl mehr denn eine Trillion sein; und da ihr euch so ein wenig vertraut gemacht habt mit der Farbe, so sage Ich euch, wovon ein solches Pünktchen eigentlich ein Abbild ist. Wie schon gesagt, nicht etwa von einer Sonne, oder von einem andersartigen Weltkörper, sondern ein jedes solches Pünktchen, oder wie es sich euren geistigen Augen darstellt als Kügelchen, ist nichts mehr und nichts weniger als das Abbild einer Hülsenglobe. Was es aber mit der Hülsenglobe für eine Bewandtnis hat, brauche Ich euch nicht mehr zu erklären.[2]

11. Nun treten wir wieder ein wenig zurück und schauen uns wieder die ganze Figur an. Seht, wie es ist eine vollendete Menschengestalt; und da ihr nun diese Figur hinreichend beschaut habt, so sage Ich euch: Diese Figur stellt aus und nach Meiner ewigen Ordnung das Universum dar; und ist in seiner Art von niemandem, außer von Mir, in der

---

[2] Ein komplettes Universum mit unzähligen Sonnensystemen. Siehe dazu Jakob Lorber: Himmelsgaben 3.400905.

Wirklichkeit also erschaulich. Auch hat dieses Bild, wie ihr es jetzt erschaut habt, noch nie ein geschaffener Geist gesehen.

12. Aber Ich sehe schon wieder, was in euch steckt. Ihr möchtet wohl gerne eure Erde in diesem Menschen erblicken. Solches euch zu zeigen kann wohl nicht sein, solange die ganze Figur auf der Tafel prangt. Aber wartet ein wenig; denn seht, Ich bin ein sehr guter Optiker, daher will Ich in unserer Camera erst eine kleine optische Veränderung vornehmen, nach welcher Veränderung von dieser ganzen Figur nichts als nur ein einziges leuchtendes Pünktchen zurückbleiben wird.

13. Nun seht, die Figur ist verschwunden; es ist bereits alles in der Ordnung. Treten wir jetzt nur wieder näher der Tafel und suchen unser Pünktchen auf. Nun, habt ihr es schon gefunden? — Eines allein gibt freilich nicht viel Licht; aber strengt eure Sehe nur an, ihr werdet es schon finden.

14. Ihr müsst nicht hinaufschauen auf die hohe weitgedehnte Tafel, sondern da ganz zu unterst seht hin, da ihr früher den linken Fuß der ganzen Figur gesehen habt, und da zwar am äußersten Ballen des kleinen Zehens. Dieses Kügelchen ist diejenige Hülsenglobe, innerhalb welcher sich auch eure Erde befindet.

15. Damit wir aber zu unserer Erde gelangen können, werde Ich denn schon auch wieder mit Meinem Epheta über das Schimmerpünktchen kommen müssen, und so spreche Ich denn: Epheta! Nun seht, wie dieses Kügelchen auseinandergegangen ist und nimmt nun beinahe die ganze große runde Gestalt der Tafel ein.

16. Seht die zahllosen leuchtenden Pünktchen nun wieder durcheinanderschimmern. Sucht nun euch eure Erde heraus. Nicht wahr, ihr mögt sie nicht finden aus der großen Unzahl dieser Schimmerpünktchen heraus. Ja, Ich sage euch, ihr würdet euch auch vergebliche Mühe

mache, denn diese Pünktchen, die ihr da seht, sind schon wieder keine Sonnen, sondern sind ganze Sonnenwelten-Gebiete.

17. Daher werde Ich nun wieder ein Pünktchen, und zwar das rechte heraussuchen und alles Übrige auslöschen von der großen Tafel. Nun, da ist das erwählte Pünktchen, und damit wir schneller zum Ziel gelangen, sage Ich alsogleich wieder: Epheta!

18. Nun seht, unsere Tafel ist schon wieder voll neuer leuchtender Pünktchen. Allein diese leuchtenden Pünktchen sind schon wieder keine Sonnen, sondern sind lauter Sonnenwelten-Alle; daher wird es mit der Auffindung der Erde sich auch hier nicht tun.

19. Und so will Ich aus diesen Pünktchen auch wieder das rechte erwählen und alles Übrige von der Tafel löschen. Nun, da ist das Pünktchen. Seht, wie es einsam matt schimmert auf der großen Fläche! Aber nur Mein Epheta! und das Pünktchen soll gleich eine größere Ausdehnung bekommen; darum Epheta!

20. Nun seht, unsere Tafel ist denn schon wieder voll von lauter glänzenden Pünktchen. Möchtet ihr euch da nicht die Erde heraussuchen aus all diesen trillionenmal Trillionen Pünktchen? Allein Ich muss euch schon hier auch wieder sagen: Gebt euch keine Mühe; denn auch diese Pünktchen sind noch keine Sonnen, sondern einzelne Sonnengebiete und sind das, was ihr unter euren sogenannten Nebelsternen (Galaxien, d. Ed.) begreift.

21. Allein, damit wir schneller zum Ziel gelangen, will Ich auch da das rechte Pünktchen erwählen und alles Übrige von der Tafel löschen und zugleich das Epheta hinzufügen.

22. Nun seht hin auf die Tafel. Nicht wahr, ihr seht eine Schimmergrieswolke, die sich horizontal über die ganze Tafel verbreitet, und ist siebenmal so lang als breit. Nun seht, da hübsch gegen die Mitte wollen wir uns wieder ein solches Schimmergrieswölkchen wählen, und

alles Übrige wieder auslöschen von der Tafel. — Nun, es ist schon alles wieder geschehen, wie ihr seht, und Mein Epheta gebe diesem Pünktchen wieder seine rechte Gestaltung.

23. Nun seht hin recht genau; jetzt werdet ihr euch wohl schon auskennen. Seht, da in der Mitte ein leuchtendes linsengroßes Scheibchen; seht, es ist das Bild eurer Sonne, und seht nun genauer hin; der dritte schimmernde Punkt von der Sonne auf der linken Seite etwas abwärts ist eure Erde.

24. Ich brauche euch nun dieses Bild nur ein wenig zu vergrößern, und ihr werdet eure Erde sogleich erkennen; und so tue du Erdenpunkt dich auf, auf dass dich Meine Beschauer erkennen mögen. Und seht, wie nun dieser Punkt sich allmählig ausdehnt und nun denjenigen Durchmesser erreicht hat, der da hinreichend genügt, zu erkennen euer naturmäßiges schmutziges Wohnhaus.

25. Da wir nun jetzt alles gesehen haben, so kehren wir wieder zu unserem verlorenen Sohn zurück. Und seht hin auf die Tafel; schon wieder prangt unsere erste Figur auf derselben. Aber seht, jetzt wird diese Figur kleiner und kleiner, und seht, jetzt hat sie nur kaum noch die Größe eines Kindes, und seht abermals hin, nun ist auch dieses Kind zu einem Punkt zusammengeschmolzen; aber seht, auf der rechten Seite der Tafel fängt ein anderes großes Menschenbild an aufzutreten; und nun ist es auch in der Mitte der Tafel, und unter seinem linken Fuß entdeckt ihr noch das früher eingegangene Pünktchen, welches da ist im rechten Verhältnis seiner Größe zur Größe dieses neuen Bildes.

26. Was meint ihr wohl, was dieses neue Bild vorstellt? Ihr werdet euch vielleicht denken, die ihr mehr oder weniger den großen Menschen in den Schriften Swedenborgs habt kennengelernt, das sei dieser

größte Mensch.[3] Ich aber sage euch: weit fehlgeschossen! Dieser Mensch, den ihr da seht, ist nichts mehr und nichts weniger als der sich selbst wieder gefundene verlorene Sohn, aber nicht etwa in seiner All-heit, sondern es ist derjenige verlorene Sohn, der sich in einem jeden einzelnen wiedergeborenen Menschen wiedergefunden hat; oder mit andern euch leichter verständlichen Worten gesagt: Das ist ein Allerge-ringster in Meinem neuen Reich, und es ist hier in diesem Bild euch ein gerechtes Verhältnis dargestellt und zeigt euch das vollkommene Maß eines Menschen, welches unendlichmal erhabener ist denn das ganze euch durch die frühere Zergliederung gezeigte endlos scheinende Uni-versum in der Gestalt des verlorenen Sohnes!

27. Wenn ihr nun so dieses Bild ein wenig beherzigt, so dürftet ihr auch schon ein wenig zu begreifen anfangen, was es mit der Rückkehr des verlorenen Sohnes für eine Bewandtnis hat.

28. Ihr müsst euch nicht etwa denken, dieser euch in der elften Stunde bekanntgegebene gefallene Luzifer wird als Ganzer wieder zu-rückkehren. Wenn solches möglich gewesen wäre, wahrlich, es hätte nie eine materielle Schöpfung stattgefunden, sondern

29. in einem jeden einzelnen Menschen, der nach Meinen Worten lebt und wiedergeboren wird durch das Wort und durch die Erlösung, wird dieser Verlorene wiedergefunden und zurückkehren in das große Vaterhaus!

30. Ich sage euch nicht umsonst: in das *große* Vaterhaus; denn für so groß gewordene Menschen muss auch ein gar großes Haus bereitet sein, allda sie werden Wohnung nehmen können wieder bei ihrem Vater.

---

[3] Der große Mensch, der Himmel in seinem Gesamtumfang, der einen sol-chen göttlichen Menschen darstellt.

31. Dass es aber also ist, könnt ihr aus all dem Vorhergegangenen ja klar und deutlich abnehmen; denn leidet nicht bei den allgemeinen Drangsalen ein jeder Mensch in sich selbst, und wird jeder geschlagen für seine eigene Person? Es gelten aber alle diese Schläge einem und demselben verlorenen Sohn.

32. So aber ein Mensch geschlagen wird, ist es nicht also, dass nur er als der Geschlagene den Schmerz empfindet, während der Ungeschlagene oft genug nur zu schmerzlos zusieht? Oder so da misshandelt wird eine ganze Nation in einem anderen Weltteil, sagt, ob ihr je nur einen Peitschenhieb auf eurer Haut wahrgenommen habt? So aber jemand stirbt, stirbt er für sich oder für andere? Oder könnt ihr behaupten, dass je jemand für einen andern zur Welt geboren worden ist? Oder gilt Meine Erlösung und Mein Wort nicht ebenso gut einem jeden Menschen einzeln für sich, wie für ganze Völker? Und kann nicht jeder Mensch für sich Mich mit seiner Liebe und dem lebendigen Glauben daraus vollends aufnehmen, dass Ich in ihm und er in Mir wohne?

33. Wenn ihr nun alles dieses betrachtet, könnt ihr nach dem allem nur die entfernteste Behauptung aufstellen, Ich sei in einem Menschen weniger denn in allen zusammen?

34. So aber Ich mit einem Menschen eins geworden bin und er mit Mir, sagt, was geht da noch ab von der Wiederfindung des verlorenen Sohnes in einem einzelnen Menschen?

35. Hat der nicht alles empfangen und in sich aufgenommen, der Mich aufgenommen hat? Wahrlich, ein jeder einzelne Mensch, der mit Mir eins geworden ist, ist mehr, ja, Ich sage, unendlichmal mehr, als der große Luzifer es je war in seiner euch auf natürlichem Weg unbegreiflichen Größe!

36. Seht, unter diesem verlorenen Sohn, der da Luzifer heißt, wird demnach jeder einzelne Mensch für sich verstanden. Und so ein ganzes

Volk mit Mir eins geworden ist, so wird dieses ganze Volk ebenfalls nur ein Mensch mit Mir. Und alle Menschen, die je auf der Erde gelebt haben und noch leben werden, wenn sie eins geworden sind mit Mir, so werden auch sie nur sein ein Mensch in Mir; d. h., sie alle wird beseelen und beleben ein und derselbe heilige Geist aller Liebe und aller Wahrheit und aller Macht und aller Kraft, und werden nicht sein viele mehr denn einer und einer weniger denn viele, sondern alle werden sein vollkommen eins in Mir; und werden nicht haben viele mehr Macht und Kraft denn einer, und einer nicht weniger denn viele, sondern alle werden leben wie einer, aus derselben Kraft und Macht des heiligen Geistes aller Liebe und aller Wahrheit aus Mir!

Kapitel 13

Zwölfte Stunde (Fortsetzung)

Die „Lumpen" des verlorenen Sohnes.

25. März 1841

1. Ihr habt aber gehört, dass die Lumpen des verlorenen Sohnes von den Winden zerstreuet wurden wie Spreu, und die übrig gebliebenen aber wurden ihm ausgezogen, und verbrannt. Wisst ihr, was unter diesen Lumpen zu verstehen ist?

2. Es ist darunter nichts anderes zu verstehen als der eingegangene frühere Universalmensch auf unserer Tafel, denn durch die Gewinnung eines jeden einzelnen Menschen ist das Edle, von Mir Ausgehende oder Mein verlorener Sohn wiedergewonnen. Die Lumpen oder das eigentliche Erzböse wird verworfen werden in das Feuer, daraus es eigentlich hervorgegangen ist. Es ist aber dieses Feuer dasjenige in der Gottheit, aus welchem alle Dinge ihr materielles Dasein haben.

3. Wer somit sich an die Welt hängt und klebt an der Materie, der klebt an den Lumpen des verlorenen Sohnes. Wie aber alle Materie euch schon ihre große Feuerverwandtschaft zeigt, dasselbe sind auch die Lumpen an den Lenden des verlorenen Sohnes.

4. So wird es aber geschehen! Damit Gott werde wieder als ein freier Gott, in dem keine Materie mehr wallt, so wird das Feuer oder Zornverwandte wieder dahin kehren müssen, daher es als das, was es ist, gekommen ist; und wird gerade also geschehen, als so ihr an eurem Leib habt irgendeine Verhärtung und legt da heiße Köchelumschläge (Breiumschläge, d. Ed.) auf, damit sie wieder erweicht werde; also auch wird Mein ewiges Feuer diese erzböse Verhärtung in seiner Allheit

114

erfassen, um es dadurch wieder seinem eigenen Wesen selbst zu assimilieren.

5. Es ist noch eine Frage in euch vorhanden, ob diejenigen Wesen, die unter den Lumpen verstanden werden, auch ein fortwährendes Selbstbewusstsein haben werden oder nicht? Ich aber sage euch: Die Frage beantwortet sich schon beinahe von selbst, da ihr doch unmöglich annehmen könnt, dass es in der Gottheit irgendeinen sich unbewussten Punkt geben sollte.

6. Diese Frage löst sich somit von selbst; aber eine Frage, ob dieses Sichselbstbewusstsein ein leidendes ist oder nicht? Seht, das ist eine andere Frage. Um aber diese richtig zu verstehen, müsst ihr zuvor begreifen, dass jedes Bestreben, um sich selbst zu finden, ein gewisses Leiden in sich selbst notwendig begreifen muss; nur hängt es jetzt einzig und allein von dem ab, ob dieses Leiden ein schmerzliches oder ein wohltuendes ist?

7. Wenn dieses Leiden darin besteht, dass sich das Wesen in sich selbst immerwährend ergreift und durch dieses Ergreifen sich zur Einheit immerwährend zu bilden bemüht ist, dann ist ein solches Leiden ein höchst wohltuendes und die Empfindung aus dem klarsten Selbstbewusstsein eine höchst beseligende.

8. Wenn aber das Leiden, oder die selbstbewusste Empfindung eines Wesens in sich, ein zerreißendes und zerstörendes ist, dann ist es auch ein höchst schmerzliches, was ihr auch aus der Natur sehr leicht abnehmen könnt, wenn ihr nur je irgendeine entzündliche Krankheit beobachtet habt, welche in nichts anderem besteht, als dass sich gewisse Teile im Körper mehr und mehr auszudehnen anfangen. Je heftiger ein solcher Akt vor sich zu gehen anfängt, desto schmerzlicher wird er. Aus allem diesem geht dann heraus, dass der sich selbst bewusste

wesenhafte Zustand des feuerverwandten Erzbösen ein eben auch höchst leidend schmerzlicher sein muss.

9. Ihr werdet nun vielleicht meinen, dass die Gottheit dadurch gewisserart in ihrem Zornteil selbst immerwährend höchst schmerzlich leidend sein müsse. Allein es ist dem nicht also! Sondern es ist gerade so, als wenn Speisen in eurem Magen verkocht werden; da bersten auch die Hülschen der zu sich genommenen Nahrung, getrieben durch das Feuer des Magens. Aber fragt euch selbst, ob im natürlichen Zustand dieser schauerliche Zerstörungsprozess im Feuer eures Magens euch je geschmerzt hat?

10. Jedoch, da Ich euch schon so weit geführt habe, so will Ich euch bei dieser Gelegenheit einen noch nie ausgesprochenen Wink geben! Wollt ihr die Endursache solchen Zustandes aller weltlich materiellen Erzbosheit erschauen, so blickt in euren Magen und seht alldort zu, was da mit der in sich genommenen Speise geschieht, wie und warum, so werdet ihr eine große Strecke Meiner Wege erschauen, das da geschehen wird. Jedoch die Zeit steht nicht geschrieben in eurem Magen, und es genügt euch, dass Ich euch gezeigt habe den Zweck.

11. Nun seht, liebe Kinder! Das ist alles, was euch gegeben werden kann; das ist alles, was ihr zu ertragen vermöget. Mehr braucht ihr nicht zu wissen, sondern beachtet dieses von Punkt zu Punkt, und das zwar von der euch gegebenen ersten Stunde bis zur letzten Stunde. Durchwandert auf diesem Weg die ganze Erde in euch, und findet auf diese Art in euch selbst den verlorenen Sohn.

12. Tut dasselbe, das dieser getan hat und noch immer tut in jedem einzelnen Sünder, der nach Meinem Reich trachtet. Lasst in der inneren Kammer eures Geistes auf der Tafel eurer Weltbegierden mit der Welt das geschehen, was ihr zuletzt geschehen sahet auf der euch gezeigten Tafel mit dem Universalmenschen. So wird in einem jeden von euch der

verlorene Sohn wiedergefunden werden und wird werden sein Verhältnis, wie Ich es euch gezeigt habe, da ein anderer Mensch an die Stelle des früheren, der da auf einen Punkt zusammengeflossen, getreten ist;

13. dann erst werdet ihr als Wiedergefundene die große Wahrheit des euch in diesen zwölf Stunden Gegebenen in euch selbst im hellsten Licht erschauen und erkennen.

14. Denn, wie früher gesagt wurde, dass alle Menschen auch einen Menschen ausmachen, wie einer alle, so sucht denn auch all das Übel in euch; und habt ihr es gefunden und mit Meiner kräftigen Beihilfe aus euch geschafft, da werde Ich als euer heiliger Vater, der Ich schon über den halben Weg euch entgegengekommen bin, vollends zu euch kommen, euch dann gänzlich von euren Lumpen befreien und dann aufnehmen in das große Vaterhaus Meiner ewigen Liebe!

15. Schließlich mache Ich euch nur noch darauf aufmerksam, dass Ich derzeit nicht nur euch, sondern auch schon vielen anderen verlorenen Söhnen entgegengekommen bin.

16. Merkt aber in euch selbst vorzugsweise auf Meine Ankunft, und kümmert euch weniger um die allgemeine. Was ihr aber fürs Allgemeine empfindet, das tragt Mir betend in eurem Herzen vor, um alles andere kümmert euch nicht, denn das große Wann, Wie und Warum ist in den besten Händen wohlverwahrt. Amen. Das sage Ich, Euer großer, heiliger, liebevollster Vater. Amen.

Über diese Edition

Der Text dieser Edition entspricht dem der Erstausgabe von 1864. Angepasst wurde lediglich die Rechtschreibung. Zusätzlich wurde der Nachtrag zur neunten Stunde übernommen, sowie die Anmerkungen (Schreibende, Datum) zur elften und zwölften Stunde.

Bei der Überprüfung des Textes wurden folgende inhaltliche Unterschiede zu der über das Internet erhältlichen Edition, die auf der 3. Auflage von 1895 basiert, festgestellt:

[1.3] Statt daß die Gottheit dem Volke zum allerhöchsten Troste bekannt gegeben werden möchte, wird sie demselben nur gegeben als Etwas, das nichts zu tun hat, als in jeder Minute Millionen [Erstausgabe: Milliarden] von solchen moralisch verdorbenen und ungehorsamen Kindern ins ewige Feuermeer unwiderruflich zu verdammen;

[3.11] Noch heutigen Tages sehet ihr große [Erstausgabe: großartige] Überreste der vormaligen Größe dieses Landes über den heißen Sand emporragen;

[3.15] Und nun gehet mit eurem Blicke wieder herab von den Bergen, und sehet da einen befugten Machthaber und Tributswächter [Erstausgabe: Tributspächter] des Despoten, wie er, um seine Geilheit aufzufrischen, einen ganzen Troß von Sklavinnen mit einer Peitsche durcheinander treibt, um dann wieder eine unter seinen mächtigen Hieben Blutende beschlafen zu können;

[3.30] Und damit haben wir den ganzen Weltteil kennen gelernt [Erstausgabe: Und damit wir den ganzen Weltheil kennen lernen], so blicket noch ein wenig herab auf den südlichen [Erstausgabe: südlichsten] Teil dieses Landes, das da Gute - Hoffnung genannt wird.

[5.32] Sehet, nun sind sie da mit fürchterlichen Mienen; sein Befehl oder vielmehr sein Gutdünken lautet für diese Armen dahin, daß zuerst die zwei Toten in kleine Stücke zerhauen werden, und dann die Stücke in den Teich geworfen zur Nahrung der Fische, sodann soll das Mädchen <u>geknebelt</u> [Erstausgabe: <u>entknebelt</u>] werden, von all' den Vögten, so sie Lust haben, beschlafen, und sodann erst zur Speise der Fische präpariert werden;

[6.18] Dich schreckt nicht die Tiefe des Meeres; Meine Stürme sausen und brausen vergebens an deiner Stirne vorüber; du kennest niemanden mehr über <u>dir</u> [Erstausgabe: <u>dich</u>] denn dich selbst!

„Über dir" weist auf eine Örtlichkeit über jemandem hin, „über dich" auf eine höhere Führung.

[6.37] Sehet, auch hier ist kein Mensch mehr vorhanden, sondern einige Knochen sind mit einem Stricke an ein Brett befestigt, und gleichfalls dort in der Mitte der Plätte eine verkorkte [Erstausgabe: schwarze] Flasche;

Dass die verkorkte Flasche schwarz war, wurde gelöscht.

[6.45] O diese zarten Füßchen! wie waren sie erst vor 3 Wochen im hohen Ansehen bei einem geilen und reichen englischen Prasser; allein, da dieses Mädchen zu verführen, seine reichen Versprechungen wenig ausrichteten, so wußte die Niederträchtigkeit seiner Rache solche Luft und solchen Weg zu machen, daß er dieses arme Mädchen wegen eines erdichteten vorgegebenen [Erstausgabe: bedeutenden] Diebstahls durch eine geheime Bestechung der geschworenen Richter dahin brachte, da ihr sie soeben jetzt sehet.

Dass der vorgegebene Diebstahl ein bedeutender gewesen sei, wurde gelöscht.

[7.38] [Erstausgabe: Allein alles Dieses schreckt sie nicht ab, wenn ihr auch der Mund verstopft ist, durch allerlei Geberden und Ströme von Thränen aus den Augen den Unmenschen zu bewegen, sie doch wenigstens zu tödten, wenn sein Herz keines andern Mitleids mehr fähig sein sollte. —]

Dieser zusätzliche Text zu Vers 7.38 wurde gelöscht.

[8.18] Wir wollen alles mit allen sein, um von allen etwas zu gewinnen; freilich nicht wie Paulus, der allen alles sein wollte, um sie für Mich zu gewinnen, sondern wie schon gesagt, von [Erstausgabe: mit] allen alles.

[8.40] Denn so lange irgend ein Mensch aus Habsucht und Geiz seine Mitmenschen tyrannisiert, so ist er wohl zu vergleichen mit einem Teufel, der ein barer Diener des Satans ist; denn mag die Tyrannei noch so arg sein, so ist doch wenigstens gewiß, daß der gemißhandelte Teil wenigstens bis in den innersten Tropfen des Marks gedemütigt wird, und es wird ihm, wenn auch auf tyrannische Weise, doch wenigstens ein Begriff vom Christentume beigebracht, in Folge dessen solche Arme im Hinblicke auf Mein Kreuz ihr Elend erträglich [Erstausgabe: und verdienstlich] erdulden.

„Und verdienstlich" wurde gelöscht.

[9.12] Und wenn die Kommissäre nichts gefunden haben, so werden sie nach ihrer Rückkunft ebenfalls tüchtig durchgeprügelt, und auf drei

Jahre ihres Dienstes entlassen, binnen welcher Zeit sie dann [Erstausgabe: wieder] über Hals und Kopf studieren müssen, und zwar unter den allerrigorösesten Professoren von der Welt.

„Wieder" wurde gelöscht. Die Kommissäre hatten schon einmal studiert.

[9.14] Während der Zeit aber solche Kommissarien [Erstausgabe: wieder] ihre Strafstudien durchmachen müssen, werden sogleich Stellvertreter allergnädigst ernannt.

„Wieder" wurde wieder gelöscht.

[9.68] Nicht ferne mehr ist der vernichtende Moment dieses Freisitzes des Satans; wenn ihr hören werdet, daß die [Erstausgabe: diese] Monarchie preisgegeben wird fremden Völkern, so denket, daß da das Ende der Dinge nicht ferne sei. —

[10.1] Nachdem wir die Ausländer [Erstausgabe: Außenländer] in Hinsicht auf den moralischen Kultus ein wenig überblicket haben, so wollen wir uns auf unseren heimatlichen Boden wenden;

[11.7] Es ist denn doch noch leichter, aus allen diesen Szenen den verlorenen Sohn herauszufinden und selben zu ergreifen [Erstausgabe: begreifen], denn der Durchgang eines Kamels durch ein Nadelöhr.

[11.30] Die Seele des verlorenen Sohnes empfindet ein solch heiliges, sanftes Wehen [Erstausgabe: Wesen] vom Hause des großen Vaters.

[12.20] Gebet euch keine Mühe; denn auch diese Pünktchen sind noch keine Sonnen, sondern einzelne Sonnengebiete und sind das, was ihr unter einem sogenannten Sternen-Nebel [Erstausgabe: euren sogenannten Nebelsternen] begreifet.

Den Originaltext der Erstausgabe in ursprünglicher Rechtschreibung finden Sie unter www.jakob-lorber.cc.